나는
전주비빔 파스타를
만드는
작가입니다

나는
전주비빔 파스타를
만드는 작가입니다

제1판 제1쇄 발행 2024년 05월 31일

지은이 박정우
펴낸이 임용훈

편집 전민호
용지 (주)정림지류
인쇄 올인피앤비

펴낸곳 예문당
출판등록 1978년 1월 3일 제305-1978-000001호
주소 서울시 영등포구 문래동 6가 19 문래SK V1 CENTER 603호
전화 02-2243-4333~4 | **팩스** 02-2243-4335
이메일 master@yemundang.com | **블로그** www.yemundang.com
페이스북 www.facebook.com/yemundang | **트위터** @yemundang

ISBN 978-89-7001-640-5 03190

나는 전주비빔 파스타를 만드는 작가입니다

세상에 홀로서기 위해 노력하는 사람에게 전하는 성공 레시피

박정우 지음

예문당

추천사

저는 박정우 작가의 석사 지도교수로서 처음 인연을 맺었습니다. 지난 16년간 옆에서 보고 겪어 본 바, 존경할 만한 인재임을 자신 있게 말할 수 있습니다. 작가와의 인연은 한마디 말로 정의할 수 없는 끈적하고 지속된 관계이며, 그의 인간적인 매력은 말이나 글로 표현할 수 없는 영역입니다. 비록 제자이지만 긍정적인 자세로 삶을 바라보는 모습과 새로운 영역에 도전하는 자세는 오히려 스승의 모습처럼 보입니다.

이 책은 작가의 개인적인 삶을 투영한 자서전적인 이야기를 바탕으로 현생의 삶을 살아가는 젊은이와 창업을 준비하는 모든 이들에게 필요한 지혜와 구체적인 방법을 자세히 알려주고 있습니다. 읽기 쉽게 주제어를 제시하고, 전달하고자 하는 주요 내용은 굵은 글씨와 적절한 도안을 제시하여 가독성을 높이는 방식을 취하고 있으며, 독자의 입장에서 받아들이기 쉬운 용어로 서술되어 있기에 내용을 정확하게 전달하고 이해시키는 것을 목적으로 하는 발표 자료를 보는 느낌을 받았습니다.

총 5개의 파트로 구성되어 있으며, 각 파트의 제목만 봐도 단순히 신변잡기의 가벼운 이야기나 내가 삶을 이렇게 살아서 잘 되었으니 독자들도 나의 뒤를 따르라고 자랑하는 수준이 아님을 알 수 있습니다. 작가는 끊임 없는 고민을 통해 다양한 환경과 상황에 놓여 있는 독자들이 스스로 삶을 준비하는 데 있어 사람 자신뿐 아니라 주위 환경, 사회 그리고 국제적인 정세까지도 고민하게 만드는 차원이 다른 접근을 하고 있습니다.

박정우 작가는 평범한 직장 생활을 하다가 자신의 꿈과 미래를 위해 창업을 했습니다. 모든 것을 혼자 준비하고 운영하는 현실적인 경험과 고민을 통해 창업을 준비하는 사람들이 자신이 이미 겪은 어려움을 쉽게 넘길 수 있도록 도움이 되고자 하는 마음이 느껴집니다. 이 책의 목적이 '꿈을 찾고자 하는 사람들의 마중물이 되고자' 한다는 작가의 진심이 마음에 닿아 추천사를 기꺼운 심정으로 작성합니다.

이재환 교수(성균관대학교 식품생명공학과)

추천사

저자를 처음 알게 된 건 대학교 시절입니다. 당시는 대화를 나눈 기억이 전혀 없을 만큼 조용하고 평범한 후배였습니다. 대학원 시절, 졸업 논문 때문에 자주 보게 되면서 저자를 더 잘 알게 되었고, 그 동안의 삶에 얼마나 많은 고뇌가 있었는지 알 수 있었습니다. 대부분의 사람들은 자신에게는 관대하고 타인에게는 엄격한 잣대를 적용하지만 저자는 반대였습니다. 본인에게는 엄격하며, 항상 겸손한 자세로 끊임없이 자신을 돌아볼 줄 아는 사람입니다. 또한, 목표한 바를 이루기 위해서 항상 미리 계획하고 진행 사항을 일일이 체크해 가면서 문제점을 파악하고 계획 수정을 반복하면서 실패를 줄일 줄 아는 제가 만나봤던 누구보다 자기관리와 과정관리를 잘 하는 사람입니다.

저자는 이 책에서 본인의 과거와 현재 그리고 꿈꾸는 미래를 말하고 있습니다. 저자가 〈밀라노기사식당〉을 오픈하기 전 레스토랑 위치, 이름, 콘셉트, 메뉴 선정 등 저에게는 똑같이 들리는 이야기를 수백 번씩 했습니다. 소위 말해 미쳐야 성공하는 게 이런 거로구나를 옆에서 지켜본 것 같습니다. 그만큼 진지하게 자신의 삶을 바라보고 더 나은 방향과 방법을 깊이 고민하기에 지금처럼 많은 단골들이 찾아주고 사랑받는 레스토랑이 되지 않았나 싶습니다. 이 책도 저자가 그동안 겪은 경험과 저를 포함한 여러 사람들에게 공유 했던 내용을 잘 녹여 내었다고 생각합니다.

이 책은 단순하게 식당을 어떻게 준비하고 오픈해야 하는지 방법을 알려주는 책이 아닙니다. 온갖 악조건 속에서 누구보다 처절하게 세상과 싸워가며 성공적으로 살아남은 저자가 본인의 경험을 바탕으로 인생을 조언해 주는 책입니다. 누구나 창업은 할 수 있겠지만, 그 많은 창업 열풍 속에 살아남은 사람은 과연 몇이나 될까요. 이 책을 통해 기본기를 다지고 습관화해서 어떻게든 살아남는 방법을 배우게 될 것입니다. 창업을 꿈꾸는 사람들에게는 방향성을 주고, 사회초년생에게는 삶을 대하는 태도를, 이미 성공의 반열에 오른 사람들은 후임, 후배들에게 추천해 줄 수 있는 책입니다. 세상에 많은 자기계발서가 있지만 경험해보지 않고 이론적으로만 이야기하는 책들보다 현실적이고 구체적인 실용 팁을 제시할 수 있는 책이 될 것이라 확신합니다.

이관수(CK코퍼레이션즈 연구개발그룹 그룹장)

들어가는 말

시작이 두려운 우리들에게

무엇이든 시작하는 입장에서는 언제든 두렵습니다.

어떻게 해야 할지 몰라서,

내가 잘 해낼 수 있을지 자신 없어서,

경험이 없어서,

정보가 없어서,

돈이 없어서.

그런데 살다 보면 스스로 무엇인가 시작해야 하는 시기가 찾아옵니다. 그 시기에 내가 준비되어 있다면 좋으련만 막상 현실은 그렇지 못합니다. 그러다 보니 준비가 너무 힘들어서 포기하거나, 준비 과정 중에 어려운 것을 하기 싫어서 건너뛰고 시작하게 됩니다. 그 결과 열심히 살아도 삶이 점점 위태로워지는 상황에 마주하며, 이때 사람들은 '누군가 나에게 시작하는 방법을 이야기해 준다면 좋겠다'라는 생각을 하게 됩니다.

이 책은 세상에 홀로서기 위해 필요한 자립방정식을 그려보았습니다. 우리가 '1+1=2'라는 공식을 이해해야 빼기, 곱하기, 나누기를 이해하듯이 삶도 마찬가지입니다. '성공'은 응용의 단계입니다. 그 전에 먼저 자립하기 위한 삶의 공식을 이해해야 합니다. 그렇지 못하면 죽을 줄 알면서도 불에 뛰어드는 불나방처럼 스스로 세상을 살아가는 방법도 모른 채 성공 또는 돈만 좇다가 자신의 삶을 피폐하게 만듭니다.

지금부터 들려드리는 이야기는 성인이 된 이후 제가 스스로 경험하면서 겪은 20년을 바탕으로 구체적인 사례를 들어가며 개개인의 성향에 맞춰볼 수 있게 작성한 글입니다. 사람들은 다들 대동소이(大同小異)하게 살아가니까요. 가장 먼저 제 개인적인 이야기를 통해 제가 난관을 어떻게 해결해 나갔는지 그리고 성품이 어떻게 만들어졌는지 보여드렸습니다. 그 후 우리가 살고 있는 시대분석을 통해서 현시점을 파악하고, 나를 어떻게 관찰하고 관리할 것인지 기록했습니다. 그리고 뜻하지 않게 자기 일을 시작할 때 무엇부터 준비해야 하는지, 마지막으로 우리의 삶을 어떻게 살고 싶은지에 대한 이야기를 기록했습니다.

자본주의 사회이기에 돈이 필요하지만, 돈만 필요한 것은 아닙니다. 무엇보다 우리 삶이 중심이 되어야 하고, 직장이나 사업은 우리가 살기 위한 부가적인 수단이라는 것을 깨달아야 합니다.

우리는 무엇부터 할지 몰라 쫓기고, 나를 관찰하지 않다 보니 불안하여 내 삶을 내려놓고 되는대로 살게 되는 경우가 많습니다. 이 글에서 이야기하는 바는 사실 쉬운 것은 아닙니다. 저도 매일매일 노력하느라 힘에 부치는 게 사실입니다. 나이를 먹을수록 할 수 있는 일은 상대적으로 늘지만, 삶의 무게는 더 무겁게 느껴집니다. 그래서 쉬운 길이라고 말씀드리지 못하지만, 적어도 혹독한 세상에 스스로 서 있는 방법에 대해서는 같이 나눠보려 합니다.

유명한 연예인이나 재벌도 아니고 대단한 배경도 없는 지극히 평범한 사람이 어떻게 혼자 세상에 서 있으려 애썼는지 함께 봐주시기를 바랍니다. 여러분들과 별반 다르지 않기에 오히려 살아가는 이야기를 제대로 전할 수 있을 것 같습니다.

세상은 기울어진 운동장이 맞습니다. 기울어져 있기에 가진 게 없다면 더 처절하고 힘이 듭니다. 그러니 더욱더 각자 처한 상황을 인정하고, 어떻게 살아갈지 방법을 모색하면서 포기하지 않고 자신의 생을 위해 노력한다면 세상은 그 기울어진 각도에 균형을 가져다줄 것입니다. 꼭 성공하지 않더라도, 상위 1%가 아니더라도 말입니다. 5, 10, 50, 90%가 되더라도 우리는 각자 스스로 잘 살아가는 방법을 터득해야 합니다. 그러니 포기하지 마시고, 조금 삶이 지친다면 멈추지 말고 숨을 회복할 때까지 천천히 걷길 바랍니다. 걸으면서 숨이 회복하면 다시 뛰면 됩니다. 멈추고 주저앉으면 하고 싶어도 못 합니다. 그러니 어렵고 힘들어도 현생을 포기하지 않길 바랍니다.

혹독한 세상에 스스로 서 있기 위한 우리에게 이 글을 띄웁니다. 지금 시작하는 그대에게.

2024년 봄

박 정 우

목차

PART 4

언젠가 시작할 자신의 일, 체계적인 준비와 끊임없는 대응

PART 5

자신의 삶을 바라보는 시각, 성장

PART 1

나의 이야기, 잘 살펴보면 우리 모두의 이야기입니다

밀라노 기사식당

초고가 완성되고, 출판사와 만난 자리에서 이런 말씀을 들었습니다.

"대표님. 그런데 여기에 왜 대표님 이야기는 없을까요? 이 내용들 전부 대표님 경험을 통해서 나온 것들 아닌가요?"

"맞습니다. 그런데 제 이야기가 꼭 필요할까요?"

"필요하죠! 지난 번 책은 사람에 대한 이야기라 괜찮았지만 이번에는 대표님 이야기가 꼭 들어가야 합니다."

"딱히 대단한 내용은 없어서요. 잘못하면 자기 자랑으로 시작해서 끝날 수도 있어 보입니다."

"그냥 저희한테 이야기하듯이 써 보시면 어떨까요? 우리가 대화 나눌 때 모습 그대로요. 어렵더라도 일단 한 번 풀어내 보시겠어요? 저희가 같이 보조를 맞춰보겠습니다."

"알겠습니다. 그럼 저도 조금 용기 내서 제 이야기를 적어보겠습니다. 감사합니다!"

이야기는 이렇게 시작합니다.

어렵게 꺼내는 이야기

저는 어릴 때부터 밝은 이야기만 하려고 했습니다. 영화도 로맨틱코미디를 좋아했습니다. 그러다 보니 저의 표면만 아는 사람은 저를 '온실 속의 화초'라고 생각합니다. 밝은 모습 또는 긍정적인 생각을 한다는 것은 반대로 그만큼 곡절도 겪었고, 삶이 부침이 컸다는 방증이기도 합니다. 그렇다고 사람들을 붙들고 "나 힘들게 살았어요~!"라고 떠들 필요는 없었습니다. 다들 이야기하지 못할 뿐 모두 각자의 사정은 하나씩 있는 법이니까요.

나만 힘들었던 것처럼 이야기하고 싶지 않았습니다. 그런데 지금은 저의 이야기를 하지 않으면 글이 완성되지 않을 것만 같은 느낌이 듭니다. 힘들고 어려운 상황에서 성공했다는 식상한 이야기가 아니라 글을 읽는 사람들이 스스로 살아갈 방법을 찾는데 도움이 되려면 어떻게 풀어가야 할지 고민을 많이 했습니다. 결국 저도 과정을 살아가는 사람이다 보니 성장에 대해 주로 이야기해보려 합니다. 저의 이야기를 통해서 삶의 난관에 봉착했을 때 포기하지 않고 어떻게 풀어가야 하는지 작은 단초(緞綃)를 찾으셨으면 합니다.

아무것도 몰랐지만 투정 부리면 안 된다는 것은 알았다

제가 지출을 줄이고 돈을 모으는 경제적인 습관이 생긴 것은 8살에 겪은 또렷한 기억 때문입니다. 어머니는 마흔에 저를 낳으셨습니다. 지금 시대는 마흔에 아이를 낳아도 특이하게 생각하지 않습니다만, 1980년대에는 늦둥이에 속했습니다. 그래서일까요? 저는 항상 배우는 것이 느린 아이였습니다. 집이 부도가 나서 어려울 때도 나이가 어려 제대로 알지 못했습니다. 1990년대는 경제가 좋았지만, 우리 집은 형편이 어려웠습니다. 이 시대 어머니는 힘이 없었고, 그래서 답답할 때면 저를 데리고 명동에 가서 구경하다 오는 게 어머니의 유일한 숨구멍이었습니다. 무엇을 살 여력도 없지만 그렇게 바깥바람을 쐬고 오면 조금은 여유가 생기는 것 같았습니다.

버스를 타고 나가면 '멀리 간다. 바람 쐬러간다'라고 생각했습니다. 그저 그것만으로도 좋았던 시절입니다. 그런데 하루는 버스를 기다리던 중 어머니가 지갑을 보시더니 잠시 저를 데리고 옆으로 비켜섰습니다. 이때는 카드가 아니라 현금이나 토큰으로 차비를 내던 시기였습니다. (와! 이렇게 적고 보니 저도 참 옛날 사람이네요.) 어머니는 저와 시선을 맞추시더니 무겁게 입을 떼면서 "아가, 엄마가 미안한데 돈이 부족하네? 우리 아가랑 데이트하려고 했는데 어쩌지? 오늘은 좀 어렵겠네…." 하고 말씀하셨습니다. 어머니를 바라보니 슬며시 눈을 피하셨습니다. 저는 아무 말 안 하고 어머니 손을 잡고 집으로 돌아왔습니다. 이때 무슨 생각을 했는지 솔직히 기억나지 않습니다. 다만, 여기서 내가 투정 부리면 안 된다는 사실은 알고 있었던 것 같습니다.

그때부터 누군가 용돈을 주면 무조건 저금했습니다. 나를 위해서 무엇을 한다는 것 자체가 사치였으니까요. 그렇게 고등학교 때까지 집에 용돈을 달라고 먼저 말하지 않았습니다. 용돈을 주시면 모았다가 필요할 때 사용하고, 가끔 친구들하고 어울릴 때 아껴두었던 돈을 사용했습니다. 남들에게 당연한 일이 저에게는 당연한 게 아니라는 것을 알았습니다. 하지만 뭐 어쩌겠습니까. 제가 그렇게 태어난 것인데요.

세상이 불만스러워 반항한다고 달라지지도 않고, 내가 감정을 격하게 표출한다고 세상이 알아주지도 않을 것입니다. 그래서 나를 망가뜨리기보다는 '지금 내가 할 수 있는 범위에서만 착실하게 살자'고 생각했습니다. 시간이 지날수록 내가 무엇을 원해도 표현하기 어렵고, 어떤 것을 하고 싶어도 생각하지 않는 사람이 되었습니다. 그러다 보니 나를 알아가기보다는 말썽부리지 않고, 착실하게 조용히 사는 아이가 되려 했습니다. 어려운 집안 형편에 부모님의 짐을 덜어드리는 방법은 그것밖에 생각나지 않았으니까요.

지금 돌이켜보면 어머니는 현명하셨던 것 같습니다. 자기 자식 기죽이기 싫다고 없는 돈을 허황되게 만들어서 쓰기 보다는 어렵더라도 솔직하게 말씀하셨으니까요. 저의 성향은 그런 어머니를 닮은 듯합니다. 있는 척하기보다는 있는 그대로 살아가는 게 편하고, 아는 척하기보다는 모르면 모른다고 솔직하게 말하고 배우는 태도 말입니다.

고등학교 때 이런 일이 있었습니다. 어머니는 한 번도 무언가를 "가지고 싶다"고 말하지 않는 제가 안쓰러워 보이셨는지 카드를 제게 주시고는 "막내야. 엄마가 허락할 테니까 나가서 딱 100만 원만 써보렴. 어디에 쓰든 묻지 않으마"라고 말씀하셨습니다.

'이게 무슨 일이지?'라는 생각이 들었지만 학생 입장에서 100만 원이라는 큰돈을 쓸 기회가 생기니 신나기도 했습니다. 무엇을 하는 게 좋을까 생각하다가 친구를 불러내 동대문으로 쇼핑하러 갔습니다. '이참에 옷이랑 운동화랑 실컷 사야지!'라고 생각하면서요.

그런데 쇼핑을 하면서 계속 주저하는 저를 보게 됩니다. 결국 100만 원은 고사하고 10만 원도 못 썼습니다. 어머니가 만들어 준 기회지만 선뜻 마음이 움직이지 않았습니다. 같이 간 친구가 벌벌 떠는 저의 손을 보더니 "정우야, 그만해. 너 노력했다. 우리 떡볶이나 먹으러 가자!" 하며 제 손을 잡아 끌었습니다.

아마도 집 형편이 어려운데 카드 값을 어떻게 마련할지 걱정이 생겨 주저했던 것 같습니다. 어머니도 아셨겠지요. 그렇게 말썽 한 번 투정 한 번 부리지 않은 저에게 훈련을 시켰던 게 아닐까 싶습니다. 카드를 주면서 우회적으로 제가 깨닫기를 바란 걸지도 모릅니다. 세상을 살아가는 데 원하는 걸 찾아보라고 말입니다. 안 그러면 세상에 나가서도 꿀 먹은 벙어리같이 살까봐 그러셨나 봅니다.

내가 할 수 있는 것은 없었지만, 세상을 탓하고 싶지는 않았다

어느 정도 착실하게 살았다고 자부하지만, 공부를 잘한 것은 아니었습니다. 반에서 중간 정도였죠. 너무 못하지도 않고, 너무 잘하지도 않고 적당히 중간 정도 하면서 있는 듯 없는 듯한 존재였습니다. 딱히 나서서 뭘 하고 싶어 하지도 않았습니다. 만사가 귀찮고, 그럴 의욕도 없었으니까요. 선생님들은 항상 "좋은 대학을 가야 인생이 달라진다." 또는 "좋은 대학을 가야 배우자 외모가 달라진다"라고 이야기하는데, 그렇게 말하는 선생님들의 수준도 그리 좋아 보이지 않았습니다. 결국에 대학을 왜 가야 하는지에 대한 이야기는 없이, 남들보다 좋은 대학을 나와야 출발점이 다르다는 것만 말했으니까요. 반드시 틀린 말은 아니지만 그렇다고 맞는 말도 아니었습니다. 그래서 고등학교까지는 존경하는 선생님이 없었습니다. 저의 입장에서는 우리를 들여다보고 이해하려는 게 아니고, 자신들의 기준점에 우리를 맞추려는 게 불편했습니다.

그래도 일단 학교는 다녔습니다. 딱히 뾰족한 재능도 방법도 없었으니 나만의 방법이 생각나기 전까지는 기존의 규칙을 따라가는 수밖에 없다고 생각했습니다. 그렇게 어느덧 고3이 되었습니다. 수능은 인생을 결정짓는 첫 관문이라고 합니다. 머리는 알고 있지만 몸이 따라 주지 않았습니다. 공부가 재미없었으니까요. 이때까지만 해도 공부의 기준은 국어, 영어, 수학, 과학, 사회였습니다. 입시 위주로만 공부를 시키니 공부가 더 싫었습니다. 게다가 엎친 데 덮친 격으로 어머니가 뇌출혈로 쓰러지셨습니다. 집안 환경이 시끄러우니 가뜩이나 싫었던 수능 공부가 더 하기 싫어졌습니다. 왜 공부를 해야 하는지도 모르는 나 자신과 내 주위를 둘러싼 답답한 환경에 '내가 뭘 할 수 있기나 한 상황인가?'라는 생각이 들었습니다. 그렇게 허탈하고 자조적인 웃음밖에 나오지 않았습니다.

그런데 문득 이런 생각이 들었습니다. '나는 한 번도 부모님 속 썩이지 않았고, 뭘 사달라고 요청한 적도 없는데 왜 난 이렇게 삶이 어렵지? 내가 무엇을 그렇게 잘못했을까? 나는 태어나면 안 되는 거였나?' 어쩌면 다른 사람처럼 부모님께 응석이나 투정 또는 용돈 걱정 없이 써보는 것이 허락되지 않은 저의 상황에 가슴을 쥐어뜯었습니다. '남들보다 잘사는 것은 바라지도 않지만 한 번쯤은 남들처럼 살아보고 싶다'고 혼잣말로 되뇌이고는 했습니다.

어느덧 시간이 흘러 수능을 보게 되었지만, 결과는 좋지 않았습니다. 당연했습니다. 왜 해야 하는지에 대한 목표도 없었고, 따라가기 급급했던 공부였으니 좋은 성과를 바란다면 그게 '욕심'이죠. 후회조차 생기지 않았습니다. 다들 그렇게 세상의 관문에 들어서는 거니까 어쩔 수 없이 한 것이지, 하고 싶다거나 열심히 했던 것은 아니니까요. **후회도 내가 최선을 다했을 때나 하는 것입니다.** '난 공부에 흥미가 없는 사람인가보다. 이제 성인이니까 아르바이트해서 돈이나 벌어야겠다'라고 생각했습니다. 좋은 대학에 들어간 친구들이 부러웠지만, 딱 그 정도였습니다. 자격지심이 없었다면 거짓말이겠지요. 작아지는 저의 모습도 봤습니다. 그러면 오기라도 부려서 따라가려고 마음먹어야 할 텐데 그런 마음은 생기지 않았습니다.

하루 20시간, 열심히 했지만 방향은 없었다

수능을 마치고, 하릴없이 길을 터벅터벅 걸었습니다. 한치 앞도 모르는 답답한 마음을 해소하는 저만의 방법이었습니다. 그때 갑자기 어머니 뇌출혈이 재발하여 응급실에 갔다는 연락을 받았습니다. 머리가 하얗게 되어 아무 생각도 나지 않았고, 정신없이 병원으로 향했습니다.

다행히 위험한 고비는 넘길 수 있었고, 안정을 취하고 일반 병실로 이동하신 뒤에야 어머니를 만날 수 있었습니다. 그때 어머니께서 저를 불러서 말씀하셨습니다.

"우리 정우, 엄마가 아파서 방해한 것 같구나. 그래도 수능에 한 번 더 도전해 보는 건 어떠니?"

"우리 집 형편에 그건 좀…. 그리고 다시 한다고 될 것 같지도 않아요."

"좋은 대학이 아니어도 괜찮아. 막내야, 너를 위해서 해볼래?"

"…네, 알겠어요."

이때 '그래! 힘든 가정환경에서도 밀어주시는 부모님을 실망하게 해드리지 말아야지!'라고 생각했다면 참 좋았을 텐데, 저는 그러지 않았습니다. 힘든 가정환경이라는 것은 알았지만 내가 어느 정도 할 수 있을지 자신이 없었으니까요. 그래도 잘 안 가던 도서관에 가서 수능을 잘 보고 대학에 간 사람들의 이야기를 읽어봤습니다. 대부분 잠을 적게 자고 공부했다는 내용이었습니다. 그래서 일단은 하루 4시간씩 자면서 공부를 시작했습니다. 학원비가 아까워 제일 먼저 학원에 가서 불을 켜고, 제일 늦게 나왔습니다.

그렇게 공부해서 모의고사 성적이 올라갔지만, 어느 순간 정체되기 시작했습니다. '아, 이 정도로는 어림도 없겠는데…'라는 생각이 들면서도 동시에 그래도 노력하면 되기는 되는구나 싶었습니다. 그런데 SKY가 좋은 대학이라는 것은 알겠지만 내가 가고 싶은 대학인지 의문이 들기 시작했습니다. 그리고 '내가 가고 싶다고 갈 수는 있는 걸까?'라는 생각도 들었습니다. 공부를 계속하면서도 대학에 합격할 것이라는 확신은 없었습니다. 하고 싶어서라기보다는 책임감으로 시작한 공부는 나의 막막한 앞날의 불안함과 부모님에 대한 미안함만이 마음 한구석에 자리 잡았습니다. 그렇게 1년을 꼬박 하루 20시간씩 공부하고 수능을 다시 봤습니다. 결과는 어땠을까요? 드라마틱한 결과가 나왔으면 좋았겠지만 아쉽게도 그렇지 못했습니다.

지금 곰곰이 돌이켜보면 이때 열심히 했지만 내가 왜 열심히 해야 하는지 명확한 방향성이 없었습니다. 그저 어려운 형편에 어머니가 만들어 준 기회를 대충 날리지 말아야겠다는 생각만 있었습니다. 그래도 이번에는 하나를 깨달았습니다. 바로 '후회'입니다. 비록 잘한 것은 아니었지만 열심히 했기에 처음으로 억울한 감정이 생겼습니다.

밤늦게 집으로 돌아오니 제 방에서 어머니가 기다리고 계셨습니다. 어머니는 저의 표정을 보시더니 "우리 막내가 기분이 안 좋아 보이네. 겉으로 감정을 드러내지 않는 네가 웬일이니? 혹시 무슨 일 있니?"

"그냥 뭔가 억울해요. 나 처음으로 열심히 했거든요. 근데 어떻게 설명해야 할지 모르겠어요. 그냥 억울하고 속상해요. 죄송해요. 집안 형편도 좋지 않은데 좋은 결과를 드리지 못 해서요…."

"됐다. 그렇게 한 번 열심히 해봤으면 됐다. 무조건 열심히 한다고 다 얻을 수 있는 건 아니지만, 그렇더라도 '열심히 해봤다'를 알아야 그다음도 가는 법이지."

저는 더 이상 수능을 준비하기 싫었습니다. 목표가 없는데 열심히 공부해봤자 의미 없다는 생각이 들었습니다. 그러던 어느 날, 친구 아버지가 저를 집으로 부르셨습니다. 그리고 술 한 잔을 따라주시면서 "정우야, 고생했다"라고 위로해 주셨습니다. 그 말에 왈칵 눈물이 쏟아졌습니다. 어머니 앞에서도 보이지 않았던 눈물이 쏟아졌습니다.

"억울하니?"

"네…."

"그러면 다시 하면 할 수 있겠어?"

"아니요, 자신 없어요. 열심히 했기 때문에 다시 할 자신은 없어요."

"그래. 우리 정우가 방향성이 있었다면 좋은 결과가 있었을 텐데. 너는 원래 손재주가 좋았으니까 호텔조리과에 한 번 넣어보는 건 어떠니?"

누가 정보를 알려주는 사람도 없었고, 그렇다고 목표가 뚜렷해서 정보를 수집하는 아이도 아니었던 저에게 누군가 길을 제시해 주는 경험은 이때가 처음이었던 것 같습니다.

"가능할까요?"

"성적은 충분하지! 다만 그곳은 또 다른 세상일 거야. 사람마다 태어날 때부터 '그릇'이 있단다. 그런데 태어난 그릇대로만 살아갈 수 있다면 그릇이 작게 태어난 사람은 슬프겠지? 자기가 태어날 때 그릇이 작다면 부단히 노력하면서 그릇을 크게 만들어 가면 되는 거란다. 그리고 감사할 줄 알아야 하고."

그렇게 친구 아버님의 조언을 듣고, 전문대 호텔조리과에 원서를 넣었습니다. 곧 합격 소식이 왔지만 크게 기쁘지는 않았습니다. 원하던 곳이 아니라 성적에 맞춰서 넣었던 것이니까요. 그런데도 어머니는 "축하한다! 즐겁게 잘해보렴." 하고 말씀해주셨습니다.

지금도 제대로 못 하면 쳇바퀴 같은 삶일 거야!

4년제를 준비하던 성적이다 보니 무난하게 입학할 수 있었습니다. 그런데 여기서 친구 아버님이 해주신 말씀이 떠올랐습니다. 또 다른 세상. 수업은 학문적인 것보다는 실무 위주로 돌아갔습니다. 다른 친구들은 특성화 고등학교에서 올라와서 그런지 자격증도 많고, 칼도 제법 잘 다뤘습니다. 그들에 견주어 저를 봤을 때 그저 햇병아리에 불과했습니다.

그래서 처음으로 저와 대화하는 시간을 가졌습니다. '4년제는 가고 싶은 곳도 없고, 성적도 안 되고 그래서 2년제에 왔는데 여기서도 제대로 할 줄 아는 게 없네? 그럼 나는 나한테 계속 안 된다고만 말해야 하는 건가? 아니면….'

'나는 어떻게 살아가고 싶은 걸까?'

처음이었습니다. 내 삶을 놓고 나와 마주한 순간이 말입니다. 그렇게 나 자신과 이야기하다가 지금 제대로 집중하지 못하면 앞으로도 계속 이렇게 치이며 살 거라는 생각이 들었습니다. 그래서 우선 몸으로 할 수 있는 것부터 시작했습니다. 근로 장학생을 하면서 다른 친구들이 귀찮아하는 식재료를 준비하면서 식재료에 대한 기본적인 것을 배우고, 방학에도 학교에 나와 자격증 준비를 하며 한 학기를 보내고 나니 얼추 비슷하게 보폭을 맞출 수 있었습니다.

그렇게 학교에 적응해 갈 무렵, 당시 친한 선배와 밥을 먹던 도중 문득 궁금해서 "선배는 등록금 어떻게 해결하세요?" 하고 물었습니다.

"학자금 대출."

"그럼, 생활비는요?"

"부모님 용돈."

나와는 다른 세계 사람이구나 싶었지만, 그래도 이것이 평범한 대학생의 삶이라는 생각 또한 들었습니다. 이때까지만 해도 선배는 저의 관찰 대상이 아니었습니다. 그런데 선배가 졸업 후 취업하고 한 번 놀러왔던 때가 있습니다. 두둑한 지갑을 들고 밥을 사주러 온 선배에게 "선배, 학자금은 다 상환하셨어요?"라고 물으니 "아니, 아직. 그리고 일단은 벌었으니까 써야지! 조금은 천천히 갚아도 되잖아?" 하는 것이었습니다. 선배도 특이하다고 생각하셨을 겁니다. '왜 이 녀석은 내 학자금에 관심이 많지?' 하고 말이죠. 여기서 저는 생각하게 되었습니다. '아! 나도 똑같겠구나! 선배만 그런 게 아니라 나도 돈을 벌면 쓰고 싶어 하겠구나!' 보통 '나는 달라!' 또는 '나는 안 그래'라고 생각할 가능성이 높지만 저도 사람이니까 선배와 똑같은 절차를 밟겠다는 생각이 들었습니다. 그렇게 20대 초반에 선배를 통해서 나의 삶을 한 번 그려봤습니다.

1 대학교에 들어오면서 학자금 대출을 받는다. 부모님 용돈으로 생활한다.

2 이미 빚을 지고 사회초년생으로 시작한다.

3 취업했을 때 바로 학자금을 갚지 않는다.

4 어느 정도 시기가 되면 천천히 갚기 시작한다.

5 마음에 드는 이성을 만나면 연애를 한다.

6 결혼을 한다.

7 빚이 1~2천만 원에서 1~2억 원으로 늘어난다.

8 남들과 비슷하게 살기 위해 무리해서 과소비하기 시작한다.

9 급여만으로 집을 살 수 없으니 부모님의 경제적 도움을 받는다.

10 부모님에게 경제적인 지원을 받으니 부모님이 아이를 낳으라고 하면 낳을 수밖에 없거나 그게 아니더라도 아이를 낳게 된다.

11 빚을 갚지 못하고 아이를 키워가니 비용은 증가한다.

12 살아가기 급급하니 노후 준비는 안 되어 있고, 소득구간은 한계가 있다.

13 새로운 문화를 접해서 성장한 후배들이 사회에 진출할 때 나는 쫓겨나지 않으려고 무리한다.

그러고 나서 나는 무엇을 준비해야 이 뫼비우스에서 벗어나서 내 삶을 살 수 있을지 고민했습니다. 그렇게 아무것도 가진 게 없던 저에게 내린 첫 번째 훈련은 세 가지였습니다.

1 지출을 늘리지 않고, 지출하지 않아도 살아가는 방법을 먼저 배운다.

2 학자금 대출은 받지 않는다. 조금 힘들더라도 빚은 최대한 지지 않고 시작한다.

3 부모님께 경제적으로 의지하지 않는다. 결국에 내 삶을 뜻대로 관철하려면 성인이 된 이후에는 부모님에게도 지원을 받으면 안 된다. 그래야 내 의견을 관철할 수 있을 테니까.

군대를 가기 전, 1년 휴학을 하고 돈을 벌었습니다. 저녁에는 동네에서 아르바이트하고, 주말에는 호텔에서 일하면서 자금을 모았습니다. 그렇게 모아놓고 군대에 가야 복학을 해도 조금은 무리하지 않을 수 있을 것 같았습니다.

두렵지만 처음으로 원하는 목표가 생기다

전역 후 다시 복학했습니다. 2년제는 한 학기가 4년제의 1년과 같은 시간이기에 어영부영 보내다 보면 준비한 것도 없이 졸업을 맞이합니다. 복학했을 때, 저를 기억하는 교수님이 계셨습니다. 이때 편입을 준비할 수 있었던 것도 이 교수님의 설득이 컸습니다. 교수님은 매주 강의가 끝나면 저를 교수실로 불러서 이렇게 말씀하셨습니다.

"정우야, 내가 볼 때 너는 팬보다는 펜을 드는 게 어울리는 것 같구나."

"교수님, 그런데 저는 공부 머리는 없는데요?"

"그걸 누가 정했어?"

"제가요…. 재수했는데도 공부는 저랑 안 맞더라고요."

"음식 하는 건?"

"그건 재미있어요. 하얀 도화지에 그림 그리는 것 같고, 또 같은 재료를 어떻게 조리하느냐에 따라 맛과 질감이 바뀌는 게 신기하기도 하고요."

"그건 공부 아니야?"

저는 대답을 못했습니다. 바보 같을 수 있지만 공부라는 정의를 수능을 위한 것으로만 국한시켜 놓았으니까요. 교수님의 한 마디는 내가 원하는 공부 그리고 세상을 공부하는 것에 대한 이야기였습니다.

"전문대에서는 실무를 알려주지만 네가 더 이해도를 높이려면 진학을 해야 해. 너는 공부를 못하는 게 아니야. 다만, 뭘 하고 싶은지 몰랐던 거지. 한번 진지하게 고민해 보렴."

그 한마디에 좁아져 있던 시각이 조금은 파열음을 내는 듯했습니다. 그래도 두려웠습니다. 시험을 못 본다는 트라우마가 있었으니까요. 그렇게 한 학기를 보내고 마지막 4학기에 들어설 때 비로소 결심이 섰습니다. '어차피 취업도 정해진 게 아니고, 진학도 확정된 게 아니면 시도나 해보자.' 그렇게 교수님께만 말씀드리고 조용히 편입을 준비했습니다. 차마 집에도 말하지 못했습니다.

처음이었습니다. 목표라는 것이 생긴 게 말이죠. 그렇게 목표가 생기고 자료를 찾기 시작했습니다. 자료를 찾으면서 식품공학과가 어디에 있는지 찾게 되었습니다. 대학의 네임밸류는 중요하지 않았습니다. 너무 보이는 것에 치중하다가 정작 현재 내 시점에서 가능한 범위를 놓쳐서 절망에 빠지면 안 되니까요. 학교들을 쭉 방문해 봤습니다. 아무에게도 이야기하지 못하고 혼자 끙끙대며 준비를 했습니다. 그런데 이번에는 제가 가고 싶은 대학을 찾았습니다. 그러면서 제가 재수를 할 때 4시간을 자면서 노력했음에도 실패한 원인을 깨닫게 되었습니다.

방향 설정이 되지 않았으니 노력했지만 제자리걸음이다.

제가 원하는 대학은 국립 서울과학기술대학교 식품공학과였습니다. 이유는 국립 대학교라 학비가 상대적으로 덜 부담된다는 점, 나의 현재 상태를 점검했을 때 도전해 볼 수 있는 가시적인 범위라는 점이었습니다. 결국에는 저 스스로를 객관적으로 놓고 봤을 때 방향 설정과 그에 따른 구체적인 계획이 설립되었습니다. 당연하게도 모든 사람이 저와 같지는 않습니다. 그저 이런 방법도 있다는 것을 말씀드릴 뿐입니다. 그래야 자신에게 맞는 방법으로 자신을 만들어 갈 수 있으니까요.

내가 진짜로 원하던 공부를 시작하다

서류전형을 통과하고, 면접을 봤습니다. 어떻게 준비해야 하는지 모르고 시작했지만, 내가 할 수 있는 한 최선을 다해 답했습니다. 면접 질문은 총 세 가지였는데, 그중 두 가지는 아직도 기억이 납니다. 첫 번째 질문은 이것이었습니다. 〈길을 가다 5만 원이 떨어져 있으면 어떻게 할 것인가?〉 제가 "혹시 주변에 사람이 있을까요?"라고 물으니 면접관들이 "있다면?" 하고 반문하십니다.

"있으면 경찰서에 가져다줄 겁니다."

"없으면?"

"살포시 넣겠습니다."

이 한마디에 다들 빵 터지셨습니다. 이 질문이 도덕적인 부분을 보시는 것인지 아니면 솔직함을 보는 것인지 모르지만 그냥 있는 그대로 말하는 게 편하겠다고 생각했습니다.

다음 질문은 날카로운 눈빛의 젊은 교수님이 던지셨습니다. 그 눈빛 때문에 "와…, 합격해도 이 교수님은 피해야겠다!"라고 다짐했습니다. 결론적으로 말하자면 제가 피하려 했던 교수님이 저의 은사님이십니다. 나이가 들수록 저는 교수님께 배우길 잘했다는 생각이 듭니다. 그리고 닮아가고 있기도 합니다. 공부를 왜 하는지, 삶을 어떻게 살아야 하는지에 대한 질문을 자기 학생들에게 늘 하셨던 분입니다.

"박정우 군, 식품공학자와 요리사의 차이점을 설명해 보겠습니까?" 저는 망설임 없이 대답했습니다. 어떻게 그렇게 바로 나왔는지 저조차 이해가 안 되지만 침착하게 잘 대답했던 것 같습니다. "요리사는 원재료를 어떻게 조화롭게 만들어서 맛을 낼 것인가에 초점을 맞춘다면, 식품공학자는 원재료에 불필요한 것은 제거하거나 부족한 부분을 인위적으로 보충하여 연구하거나 상품을 만드는 일에 초점을 맞춘다고 생각합니다."

면접이 끝나고 최종 합격 발표만 남겨둔 상태로 며칠이 흘렀습니다. 당시에 다른 대학교에도 응시했지만 가고 싶은 곳은 오직 이곳뿐이었습니다. 초조하게 기다리면서 일상을 보내고 있었습니다. 그리고 최종합격자 발표 날 컴퓨터 앞에 앉아 수험번호를 입력하는 창을 열어놓고, 한참을 모니터만 바라봤습니다. 합격이라는 확신이 있다면 좋으련만 그럴 만큼의 자신감은 없었습니다. 숨을 고르고 천천히 입력하기 시작했습니다.

그리고 엔터를 눌러 결과 창이 뜬 순간 눈을 질끈 감았습니다. 마주볼 용기가 없었으니까요. 그러다 다시 눈을 슬며시 떴을 때 모니터 창에 떠 있는 두 글자가 보였습니다.

[합격]

그 두 글자를 보는 순간, 부끄럽지만 눈물이 주르륵 흘렀습니다. 그동안 보이지 않게 스스로를 옭아맸던 사슬과 족쇄가 풀리는 기분이었습니다. 부모님께 자랑스러운 아들이 되어서가 아니라 내가 나의 트라우마를 넘어섰다는 것에 처음으로 스스로를 칭찬했습니다.

학교를 입학하고 나서도 여전히 삶은 녹록지 않았지만, 그래도 행복했습니다. 내가 진짜 원하는 공부를 하고 있다는 생각이 들었습니다. 한편으로는 10대에 공부하라는 말을 이해하는 순간이기도 했습니다. 누군가의 보호 아래 공부에만 집중할 수 있는 시기는 인생에서 딱 그때뿐이니까요. 그런데 저는 다른 사람들과 다르게 늦게 공부를 시작했습니다. 그러다 보니 공부하는 동시에 생활비도 벌어야 하고, 신경 쓸 것이 많았습니다. 강의 시간에는 수업을 듣고, 야간에는 아르바이트하고, 새벽에는 실험실 생활을 하면서 하루에 4시간만 자는 생활을 했습니다. 그때는 잠을 줄여서 시간을 확보하는 방법밖에는 없었습니다. 돈이 여유 있었다면 잠도 충분히 자고, 배우고 싶은 것도 다 배우면서 했겠지만, 그 당시 저의 머리와 형편에서는 이 방법밖에 없었습니다.

그럼에도 나에게는 공부가 사치였다

교수님에게 학문을 더 배우려고 대학원까지 진학했습니다. 늦게 시작한 공부였지만, 할 수 있을 때까지는 해보고 싶었습니다. 교수님을 따라 성균관대학원으로 옮겨오면서 생긴 등록금은 만만치 않았습니다. 교수님께서 연구 과제를 많이 획득해 오셨지만 쉽지 않았습니다. 돈 없는 사람은 공부하는 것도 사치일 수 있다는 생각에 조금은 현실이 힘들고 슬펐습니다. 이렇게 20대를 쉬지 않고 달려가고 있는데 앞날이 막막한 것은 여전히 해결되지 않았습니다. '대학원을 중간에 그만둬야 하나…'라는 생각까지 했습니다. 한 학기에 1천만 원에 달하는 등록금을 마련할 방법이 막막해서 낙담하고 있었습니다.

그러다 다시 정신을 가다듬었습니다. '안 하려는 핑계를 찾기 전에 돌파할 방법부터 찾아보자!' 생각의 방향을 잡고 여러 가지를 알아보기 시작했습니다. 그러다 우연히 〈배정장학회〉에서 장학생을 선발하는 것을 알게 되었습니다. 경쟁률이 높다는 것은 알지만 그래도 일단 서류를 넣어보자고 생각했습니다. 멋지게 쓰기보다는 그냥 있는 그대로 나를 보여주려고 노력했습니다. 큰 기대는 하지 않았습니다. 그런데 서류전형에서 통과했다면서 최종 면접을 보러 오라는 연락을 받았습니다. 그렇게 최종 면접을 보고, 얼마 후 합격 소식을 듣게 되었습니다.

한시름 덜었다고 생각할 찰나, 어머니의 뇌출혈이 재발하고 말았습니다. 돌볼 사람이 없어서 교수님께 말씀드리니 "실험이 중요한 게 아니야. 얼른 가봐!" 하고 말씀하셨습니다. 그래도 하던 것은 마치고 가야겠다는 생각에 밤새 실험을 마무리 짓고 아침에 교수님께 인사드리고 병원으로 향했습니다. 이날은 처음으로 교수님께 혼난 날이기도 합니다. 실험을 우선으로 했다는 것 때문입니다. 교수님이 화내신 마음을 잘 알기에 아직까지도 너무나 감사하게 생각하고 있습니다.

위험한 고비를 넘기고 중환자실에 누워 있는 어머니를 봤습니다. 자리를 잡고 앉다가 문득 '어머니가 곁에 없을 수도 있겠구나.' 하는 생각이 들었습니다. 그리고 여자 친구(지금의 아내)가 떠올랐습니다. 너무 내 공부만 한다고 여자 친구를 돌보지 않았다는 사실을 깨달았습니다. 한편으로 나의 한계점도 보게 되었습니다. 이 시기에 나의 열정보다는 자신의 한계와 현실을 좀 더 인식했던 것 같습니다. 그리고 못 해줘서 미안해하기보다는 지금 당장 해줄 수 있는 범위에서 표현하면서 후회를 남기지 않아야겠다고 다짐했습니다.

어렵게 들어간 회사, 그러나 거기에 나는 없었다

대학원을 마치고, 〈CK코퍼레이션즈〉라는 원두커피 회사에 입사하게 되었습니다. 종합식품 기업이었다면 더 다양하게 볼 수 있어서 좋았겠지만, 그대로도 괜찮았습니다. 무엇보다 식품을 업으로 삼을 수 있다는 이유만으로 충분했습니다. 이 회사는 점차 확장하는 기업이었기에 인원 충원이 많았고, 그만큼 일도 많았습니다. 일이 많다 보니 업무량을 소화하느라 정신이 없었습니다. 살아있지만 아직 미생(未生)이었습니다. 막상 삶을 놓고 보면 그렇지 않은데, 경주마처럼 지금 이 길밖에 없다고 말하는 시대를 살았기 때문입니다.

그렇게 차츰 적응해 갈 때쯤 식품 포장재 연구원으로 배치받았습니다. 이번에는 혼자 처음부터 시작해야 했습니다. 아무도 해본 적 없는 일들을 설계해야 하는 상황이었습니다. 이 사람 저 사람 붙들고 물어보다 지쳐서 계속 다닐 것인가 아니면 그만둘 것인가를 고민했지만, 그래도 일단 다녔습니다. 내가 맡은 임무는 끝내고 싶었기 때문입니다.

그때부터는 전공도 아니고 생소하지만, 5천 페이지나 되는 포장재 백과사전을 옆에 끼고 살았습니다. 새벽 일찍 생산팀에 내려와 같이 일하고, 같이 밥 먹고, 9시부터 본 업무를 시작하고, 18시가 되면 백과사전을 들고 공부했습니다. 일단 일을 유지하기로 마음먹은 이상 나에게 부끄러워지고 싶지 않았습니다. 내가 할 수 있는 범위에서 최선은 다하되 더 이상 안 되면 그만둔다는 생각으로 진행했습니다. 그렇게 원두커피에서 1년, 식품 포장재에서 3년이 되었을 때쯤 어느 정도 자리가 잡혀가는 것이 느껴졌습니다.

처음에는 입사만 하면 내 자리가 있다고 생각했습니다. 그런데 일을 하면서 회사 내에서 남들이 하지 못하고 내가 할 수 있는 영역을 만들었을 때 비로소 내 자리가 회사 안에 생겨난다는 사실을 깨달았습니다. 언제든 대체 가능한 자리는 내 자리가 아니라는 것을 자각하는 시간이기도 했습니다. 어느 정도 시스템을 안착시키고 나니, 생각할 수 있는 여유가 생겼습니다. '나는 오늘을 살고 있기는 한데, 이게 내 삶을 살고 있는 것인가?'라는 생각을 했습니다. 그렇게 지내던 어느 날, 아내와 삶을 놓고 깊은 대화를 했습니다. 결혼 전이야 혼자서 판단하고 행동해도 괜찮겠지만, 결혼하고 나면 독단적인 판단이나 행동은 위험하니까요.

"회사를 다니면서 여유가 생겼고, 이대로 살면 무난하게 살아갈 거 같아. 그런데…." 하며 주저하듯 말을 꺼내자 아내가 "그런데? 뭐 답답한 거 있어요?"라고 합니다. 조금 머뭇거리며 말했습니다.

"은퇴 후 내 삶이 보이질 않아요. 그리고 지금 내가 편안하긴 해도 뭔가 생기(生氣)가 없어. 계속 회사에서 인정받아 임원이 된다고 한들 그게 나한테는 중요하지 않거든요. 회사 내에서야 대우받는 것 같지만, 밖에서는 그저 아저씨일 뿐인데…. 그러면 회사에서 어디까지 가겠다는 목표가 아니라 내가 어떻게 살겠다는 방향이 나와야 하는데 지금은 답답하네요."

가만히 듣던 아내가 "난 당신이 행복했으면 좋겠어요. 음…, 우리가 아르바이트만 해도 둘이 200만 원은 벌지 않을까요? 어떻게든 먹고는 살아요. 그러니까 이제는 당신이 하고 싶은 걸 한 번 해보는 건 어떨까요?" 이때 '나는 옛날 사람이구나.' 하는 생각이 들었습니다.

책임감에 사로잡혀 나의 삶을 계속 희생하려 했습니다. 현실에 맞춘다고 자꾸 나를 들여다보는 것을 미뤘습니다. 그렇게 스스로 희생한다는 생각에 사로잡혀 살다가 가족들이 알아주지 않으면 나중에 "내가 가족을 위해 얼마나 희생했는데!"라는 상투적인 말을 내뱉을 뻔했습니다. 고맙기도 하고 한편으로는 미안하기도 했습니다. 무엇보다 아내는 돈 벌어 와야지 무슨 배부른 소리냐고 말하지 않았습니다. 매번 나에게 묻는 첫 질문은 "당신 행복해요?"입니다.

아내가 "당신 어렸을 때부터 하고 싶어 했던 레스토랑을 준비해 보는 건 어때요?" 하고 넌즈시 물어봅니다. 하지만 저는 "나야 좋지만, 우리의 현실이 있는데 어렸을 적 로망만으로 시작하기는 좀 힘들지 않을까요?"라고 답했습니다. 어렸을 때 요리를 배우면서 작은 레스토랑을 하고 싶다는 생각을 해왔지만, 그때는 경험도 부족하고 자금 여력이 없으니 미뤄뒀습니다. 의욕이나 열정만으로 시작하기에는 부담이 컸으니까요. 아무래도 집이 파산나면서 어떻게 가정이 힘들어지는지를 직접 체감해서 더 그런 듯합니다. 책임질 사람이 있다 보니 다시 기억 먼 곳에 담아뒀는데 아내가 그 기억을 소환해서 나에게 보여줍니다. 결혼해서 책임질 사람이 하나 생겼다고 생각했는데, 아니었습니다. **내가 살아갈 동력을 만들어 줄 동료가 옆에서 같이 걸어가는 것이었습니다**. 그렇게 새로운 여정이 시작되었습니다.

우여곡절 끝에 꿈의 공간을 완성하다

아무것도 없이 어렵게 살아왔지만 그래도 많은 것들을 정리하면서 잘 버텨온 덕에 남에게 손 벌리지는 않았습니다. 작은 레스토랑을 준비하면서도 조심성이 많아 1년간 준비만 했습니다. 원하는 방향대로 진행되면 좋지만, 세상이 원하는 방향으로 진행되기보다는 막히는 일이 많았습니다. 그럼에도 포기하지 않고 한 걸음씩 걸어간 끝에 2020년 8월 5일, 〈밀라노기사식당〉이라는 작은 레스토랑을 오픈할 수 있었습니다.

20살부터 아무런 지원 없이 나름 성실하게 살아온지라 두 손에 큰돈은 쥐어보지 못했지만, 반대로 해석하면 빚 없이 스스로 만든 작은 공간입니다. 이 작은 공간을 만들기 위해 16년이라는 시간이 걸렸습니다. 여력도 없고, 특출한 능력이 있었던 게 아니어서 그렇습니다. 대부분 우리의 삶도 비슷하지 않을까요? 특출한 사람들의 패턴과 비교하면서 스스로 삶을 비참하게 볼 필요는 없습니다. **누구에게 손 벌리지 않고, 의존하지 않으면서 스스로 걸어오셨다면 잘 살고 계신 거라 말씀드리고 싶습니다.**

여력이 없는 상태에서 시작하다 보니, 자금에 맞춰서 장소를 선택할 수밖에 없었습니다. 이때부터 어떻게 생각하느냐가 중요했던 것 같습니다. '여기서 될까?'가 아니라 '어떻게 하면 여기서 되게 할 수 있을까?'라는 생각의 차이. 대박을 바라지도 않았습니다. 그저 꾸준히 유지되기를 바라는 마음뿐이었습니다. 화려하고 멋진 곳을 보면 부럽기도 하고, 좋은 장소를 보면 부럽기도 하지만 딱! 그 정도였습니다. 내게 주어진 상황이 아니었으니까요. 그래서 저에게 다시 물었습니다. '그럼 내가 지금 당장 집중할 것은 무엇인가?' 바꿔 말하면 '지금 상황에서 어떻게 해결할 방법을 만들 것인가?'였습니다.

하지만 그런 다짐이 무색하게도 오픈과 동시에 코로나19가 퍼지기 시작했습니다. 오픈하고 정신없는 상태에서 맞이한 상황에 정신을 차릴 수 없었습니다. 2020년과 2021년은 거의 매일 수많은 가게가 신장개업과 폐업을 반복하는 시기였습니다. 예산이 없는 상태에서 죽은 상권에 시작한 것도 쉽지 않은데, 코로나19는 더 아무 말 안 나오게 했습니다. 진짜 힘들 때는 힘들다는 소리도 나오지 않더군요.

매일매일 지쳐서 집에 들어갔습니다. 어느날 눈을 감고 잠을 청하는데 새벽에 갑자기 복통이 올라왔습니다. 그대로 화장실에 달려가 구토를 했습니다. 혹여나 아내가 들을까 봐 소리도 내지 못했습니다. 그동안 '괜찮아, 괜찮아.' 하고 스스로 다독였지만, 스트레스와 피로가 누적되었던 모양입니다. 저도 사람인지라 이렇게 되니 감정적으로 '이 정도면 하늘이 날 저주하는 게 아닐까?' 하는 생각까지 들었습니다. 누구에게 해를 끼친 적도 없고, 말썽을 부리지도 않았습니다. 대단한 삶을 살겠다는 것도 아니고, 그저 살아보려 안간힘을 썼는데, 이건 대놓고 죽으라는 것 같았습니다. 변기를 붙잡고 소리도 내지 못한 채 펑펑 울었습니다. (지금 생각하면 가끔은 그렇게 우는 것도 괜찮은 것 같습니다.)

그래도 다시 정신을 가다듬고 이성적으로 생각하려고 노력했습니다. 아내랑 처음 데이트할 때는 돈이 없어서 김밥 한 줄 사 먹고 걷기만 했고, 돈을 위해 힘들게 회사 생활을 했는데 지금은 그때보다는 훨씬 낫습니다. 아무리 힘들어도 지금은 내가 하고 싶은 것을 하고 있고, 찾아주는 손님들이 있다는 것을 떠올렸습니다. 그럼에도 버거웠습니다. 아니 정확히는 힘겨웠습니다. '나도 숨 좀 쉬면서 편하게 한 번 살아보고 싶다'라는 생각이 언제나 가슴속에 있었습니다.

지금 서 있는 근간을 잊지 않아야 한다

2022년은 저에게 엄청난 행운이 찾아온 한 해였을지도 모릅니다. 하지만 반대로 제가 중심을 잡고 있지 않았다면 삶이 더 피폐해지는 해가 됐을지도 모릅니다.

3월이 지나갈 무렵 갑자기 손님들이 가게 앞에 줄을 서기 시작하더니 매일 감당 못 할 정도로 인파가 붐볐습니다. 여기서 대부분의 사람은 가게를 확장하는 방향을 선택할 것입니다. 5월에는 〈식스센스3〉의 방영도 기다리고 있었습니다. 그런데 처음에는 좋다가 나중에는 얼굴에 웃음기가 사라졌습니다. 문득, 돈이 모인다고 이렇게 운영하는 게 맞나? 하는 생각이 들었기 때문입니다. 얼굴에 근심이 드러나는 스타일이다 보니 저의 표정을 본 아내가 또 무슨 일이 생겼는지 묻습니다.

"처음엔 보상받는 기분이었어요. '코로나19에도 버텨내서 이렇게 감당 못 할 정도로 줄을 서주시는구나. 이제 나를 알아주는구나.' 하고 말이에요."

"그런데요?"

"그런데, 하나도 기쁘지가 않아요. 여기를 좋아해주는 단골들은 내가 잘되니까 축하해주는데, 막상 그 사람들이 오지 못해요. 그래서 불행합니다."

"그럼, 당신이 행복할 방법은 뭘까요?"

"그래서 고민 중이에요. 어떻게 실마리를 풀어야 가정을 유지하면서 내가 하고 싶은 것을 할 수 있는지를 말이죠."

"음…, 그러면 당신이 이 가게를 어떻게 운영하고 싶은지를 생각하고, 지금 내려놓을 것을 정리해 보면 어떨까요?"

이렇게 대화하고 며칠을 고민한 끝에 아내에게 말했습니다.

"난 처음부터 이곳이 **사람이 머무는 공간**이었으면 했어요. 나도 회사 생활에 지친 지라 내가 만든 공간에서는 사람들이 조금 편안하게 즐겼으면 하는 바람이 있으니까요."

"그래서 방법을 찾았어요?"

"당신의 협조가 필요해요!"

"뭔데요?"

"지금 들어오는 매출을 줄이는 건데…. 그래도 한 번 시도해 보려고요. 그런데 어디까지 용인해 줄 수 있어요?"

살짝 눈치를 봤습니다.

"마이너스만 만들지 마요. 어차피 우리 그렇게 지출이 높지 않으니까 내가 잘 운영해 볼게요."

"알겠어요. 고마워요. 그럼 내가 한 번 시도해 볼게요."

먼저 손님들이 식사하는 시간을 기록했습니다. 동시에 점심과 저녁 중 어느 시간에만 운영할지 선택했습니다. 이전까지는 운영을 11시간 하면 재료 준비에도 11시간이 들어가다 보니,

몸을 갈아가며 돈을 버는 구조였습니다. 이래서는 나도 불행하고 그러다 보면 여유가 없어서 손님들에게 소홀할 수밖에 없어 보였습니다. 그래서 매출을 줄이고 집중할 수 있는 시간을 정하기로 했습니다.

그렇게 주 5일, 디너 운영만 했습니다. 어쩌면 다행이었습니다. 방송이 방영되기 전에 사람이 몰렸기에 방송 후에는 사람들이 질서 있게 입장할 수 있게 되었으니까요. 당장 들어오는 돈을 내려놓는다는 것은 쉬운 일이 아니었습니다. 그래도 방법은 그것밖에 없었습니다. 어떻게 하면 돈이 벌리는지 뻔히 보이지만 지금의 내 상황 그리고 제가 밀라노기사식당을 운영하는 철학과는 맞지 않았습니다. **"밀라노기사식당은 사람이 머무는 공간 그리고 사람이 존중받는 공간입니다"**라고 손님들과 약속했으니까요.

안 지켜도 뭐라 할 사람은 없습니다. 돈을 더 벌려고 한다고 뭐라 할 사람도 없습니다. 다 살자고 하는 것이니까요. 그런데 제가 그렇게 못하는 겁니다. 정확히는 그렇게 안 하는 겁니다. 막상 돈이 들어오면 잊힐 수 있겠지만, 저는 그 어려운 시기를 어떻게 버텨냈는지 가슴에 새기고 있으니까요. 아내, 내 사람들 그리고 저를 응원해 주는 마음으로 이 구석까지 찾아주는 손님들. 내가 이렇게 했는데 몰라준다고 서운하지는 않습니다. 손님들이 그렇게 하라고 강요한 것도 아니니까요. 단지, 제가 지금 서 있는 근간을 잊지 않으려 하는 것뿐입니다.

일에 함몰되어 정작 중요한 것을 놓칠 뻔하다

그렇게 주 5일 디너로 바꾸고 한 달간은 물리치료를 받으러 다녔습니다. 잠도 못 자고, 어깨와 목은 마비가 왔었습니다. 그렇게 물리치료실에서 마사지를 받고 있는데, 할머니 두 분이 대화하는 것을 우연히 듣게 되었습니다.

"어쩌다 왔어?"

"아파서 왔지."

"어디가 아파서 왔어?"

"여기저기, 철심도 박고 안 쑤시는 데가 없어."

"열심히 살았구먼~."

"에휴~, 열심히 살았지. 젊을 때 없어서 죽으라고 열심히 살았는데 고개를 들어보니 나는 늙었고, 세상을 보기에는 체력이 없어. 그동안 벌어서 먹고 살 걱정은 없는데 막상 뭘 해본 적이 없으니 막막하고, 나이가 들어 온몸이 상하니 병원비만 나가네."

평상시였으면 그냥 흘려들었을 대화가 귀에 쏙쏙 들어왔습니다. '나도 어르신들과 별반 다르지 않겠지? 그럼, 나는 어떻게 살아야 할까?'라는 질문을 스스로에게 던지게 되었습니다. 미래를 준비한답시고 현재를 너무 희생하니 하다가 힘들어서 포기하고, 미래가 보이지 않는다고 현재를 즐기다 보면 불안한 마음에 하루도 마음 편히 살 수 없는 현실입니다. 그럼에도 **현재도 살고, 미래를 준비하는 방법은 없을까? 힘이 들더라도, 그렇게 살아내는 방법은 없을까?** 하고 방법을 끊임없이 고민했습니다.

두 달가량 그동안 못 잤던 잠을 청하고, 물리치료를 받으면서 몸을 회복했습니다. 아예 쉬면서 할 수 있으면 좋겠지만 그런 팔자 좋은 소리는 남의 집 이야기입니다. 그리고 무엇보다 저 스스로가 손님들을 맞이하는 것을 좋아했습니다. 그렇게 한두 달 쉬고 나니 제 첫 번째 책 『어서 오세요, 밀라노기사식당입니다』가 출간되었습니다. 책이 나오니 갑자기 강연 요청이 들어왔습니다. '내가 강연을 가서 무슨 소리를 하지?'를 고민하면서 연단에 올랐습니다. 뭔가 대단한 척보다는 그저 경험을 바탕으로 진솔한 게 좋겠다 싶었습니다.

"세상이 갈수록 각박하고 삭막하고 서로를 믿지 못해가는 것 같습니다. 그런데도 저는 그런 세상에서 사람을 통해 기회를 얻었습니다. 그런데 그 사람들이 왜 저에게 기회를 만들어 주었을까 곰곰이 생각해 보니 '사람을 대하는 태도'에서 시작된 것 같습니다. 저의 첫 번째 책은 사람을 대하는 태도에서 기회가 온다는 말을 전하고 싶었습니다."

– 강연 중 내용 –

무언가 내려놓으니 다른 하나가 쥐어지는 순간이었습니다. 레스토랑을 운영하고, 글을 쓰고, 강연하면서 다시 바빠지기 시작했습니다. 그러다 보니 또 워커홀릭적인 습관이 나타났습니다. '이렇게 하면 더 잘될 거 같은데…'라는 생각을 하면서 또 일에만 함몰되기 시작했습니다. 항상 무대가 만들어지면 최선을 다했습니다. 그 무대가 마지막인 것처럼.

그러다 보니 정작 또 중요한 것들을 놓치고 있었습니다. 내가 일단 매출을 줄이고 시간을 선택한 까닭은 손님을 위한 것도 있지만 나를 위한 것이기도 합니다. 그리고 여유가 없어서, 시간이 없어서 당연하게 기다려 줄 거라 생각했던 옆에 있는 사람들을 한 번쯤 돌아보는 시간을 가지려고 한 것이었습니다. 그런데 다시 일이 많이 들어오니까 또 정신 못 차리고 일에만 함몰되어 버렸습니다. 문득 아내의 말이 생각났습니다. "일주일에 하루는 나하고 시간을 보내요." 아내는 더 이상 말하지 않고 기다려주고 있었습니다. 그런데 저는 일이 들어오니까 "자기야, 나중에 시간 만들게. 나중에 다시 이야기하자." 하며 미루고 있었습니다.

문득 부모님이 생각났습니다. 아버지는 가정을 지키기 위해 열심히 살아오셨습니다. 그런데 막상 나이가 들어 회사에 설 자리는 없고, 가정에 돌아오니 자식들은 거리를 두고, 아내와도 너무 먼 당신이 되어 있었습니다. 무엇을 해야 할지 몰라 불안해하고, 예민해 있는 작은 뒷모습을 기억합니다. 열심히만 살아서는 안 된다고, 사회에 현역으로 있을 때 물러날 때를 준비해야 하는 거라고…. 전 세대를 보면서 고민해야 방법이 만들어지는 것이었습니다.

그렇지 않으면 '나도 똑같아지겠구나'라는 생각이 들었습니다. 그러면 나는 어떻게 해야 할지 떠올려 보니 '나이가 들어도 가까운 부부로 살아가려면 지금부터 둘만의 시간을 계속해서 쌓아가야 하겠구나. 결혼했다고 부부가 아니라 시간을 같이 보내야 부부구나!' 하고 깨달았습니다. 그래서 화요일은 무조건 아내가 우선인 날로 정했습니다. 그리고 수요일은 장거리 외부 강연이나 보고 싶은 사람들을 위한 시간으로 만들었습니다. 오전 6시부터 12시는 운동, 독서, 글 쓰는 시간으로 보내고, 오후 12시부터 14시까지는 비즈니스 미팅 그리고 14시부터 17시는 재료 준비로 하루를 채웠습니다.

기존의 사업 스타일은 시간을 늘리고 확장해 가면서 계속해서 매출을 늘리는 것이라면, 제가 공부하면서 설계한 구조에서는 확장 전, 초석을 다질 수 있는 지금 시점에 더 신중해야 한다는 것을 깨달았습니다. 그런 생각이나 계획 없이 하던 방식으로 확장만 외친다면 내가 원하는 길이 아닌데도 더 이상 멈출 수 없어 위태로울 수 있다는 생각이 들었습니다. 그래서 결론적으로 '**가게를 정해진 시간에만 운영하고, 그 안에서 들어오는 수익으로 점차 삶을 만들어간다. 그리고 내가 직접 손님들을 마중한다. 안 되면 시간을 줄이더라도 내가 마중할 수 있는 범위에서 분수껏 준비한다.**' 이렇게 생각을 전환했습니다.

또 다른 도전의 기회를 잡다

2023년에 서울시에서 주최하는 골목창업경진대회에 참여할 기회를 얻었습니다. 그 자리에서 저는 이런 내용의 발표를 했습니다.

"처음에는 이렇게 할 거라는 생각을 하지 못했습니다. 정확하게는 이렇게 될 거라는 생각을 못 했습니다. 지금 앞에 있는 상황에서 포기하지 않고, 최선을 다하다 보니 한 발 한 발 내디

될 수 있었던 것 같습니다.

지금은 예전의 대가족 시대처럼 가족 중 누군가의 희생으로 다른 가족들이 살아갈 수 있는 시대가 아닙니다. 혼자서 시작하는 사람들이 많습니다. 그래서 한 공간에서 기성의 방식으로 우두커니 돈만 벌라고 할 수 없습니다. 또다시 코로나19 같은 질병이 찾아오거나 불경기에 상황이 안 좋으면 자신만의 공간에 갇혀 우울감이 몰려올지 모릅니다.

기술은 있지만 상황이나 여건이 좋지 않아서 무너지는 경우를 보고 실패했다고 할 수 있을까요? 사회적으로 성공한 사람들의 말은 맞지만 시작하는 사람들이 그 단계를 적용할 수 있을까요? 제가 하고 싶은 말은 '**당연히 힘들다. 하지만 이렇게 하면 다른 사람에게 휘둘리지 않고 자기 생을 스스로 살아갈 수 있다**'는 것입니다. 그래서 저도 제가 직접 생을 걸고 시도하면서 이야기하는 중입니다.

자신의 아이덴티티가 있는 작은 영역을 만들고, 그 영역에서 크게 돈 벌려는 욕심은 내려두고, 월급 정도의 고정수익이 발생하면 족하다는 생각으로 정해진 시간만 운영합니다. 그리고 확보된 시간에서는 자신이 무엇을 잘할 수 있는지, 무엇을 좋아하는지 찾아서 확장성을 만들어가는 것입니다. 그렇게 세상을 배우기도 하고, 그렇게 배우다 보면 또 다른 길이 보이기도 합니다."

*

지금까지 제가 20살 성인이 된 후 20년에 걸친 긴 이야기를 조금 간략하게 말씀드렸습니다. 너무 어린 시절의 이야기는 생략했습니다. 저한테나 중요하지 여러분에게 중요한 부분은 아닐 테니까요. 결국에는 글을 통해서 여러분의 길을 모색하는 방법을 찾는 게 중요합니다.

제 이야기를 따라오면서 어떻게 느끼셨나요? 다른 것 같지만 별다른 게 없는 우리들의 이야기이기도 하죠? 삶이 편하겠다는 생각을 버리시고, 힘들어도 한 걸음 한 걸음 여러분의 삶을 찾아가셨으면 좋겠습니다. 돈이 없어서 돈을 좇을 시기도 있겠지만 돈이 없다고 돈을 좇는다고 내 삶이 만들어지지는 않습니다.

사람마다 자기의 삶을 찾아가는 시기가 다릅니다. 저는 늦게 깨달았다고 생각하고 걸어왔습니다. 그런데 문득, 산등성이에서 얼만큼 올라왔는지 돌아보니 느리다고 생각했지만 절대 늦지 않았다는 것을 깨달았습니다. 앞으로 들려드리게 될 이야기도 정답은 아닙니다. 각자 자신의 성향과 상황에 맞춰서 제가 했던 방법을 녹여내야 합니다.

그럼, 지금부터 구체적인 방법들에 대해서 이야기하겠습니다.

PART 2

우리가
살고 있는 세상,
시대분석

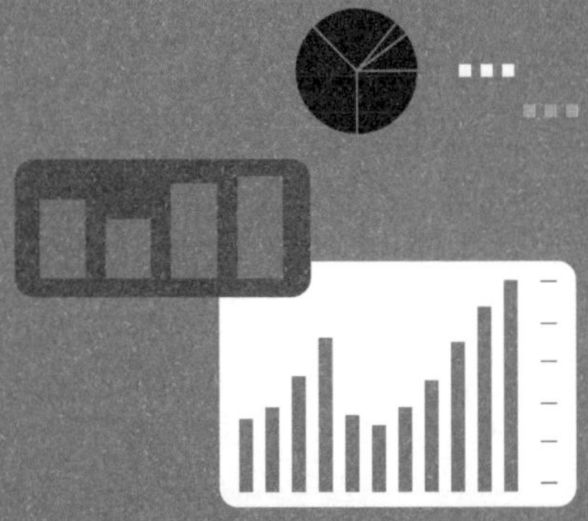

길을 찾으려면 문제를 파악하는 것이 먼저다

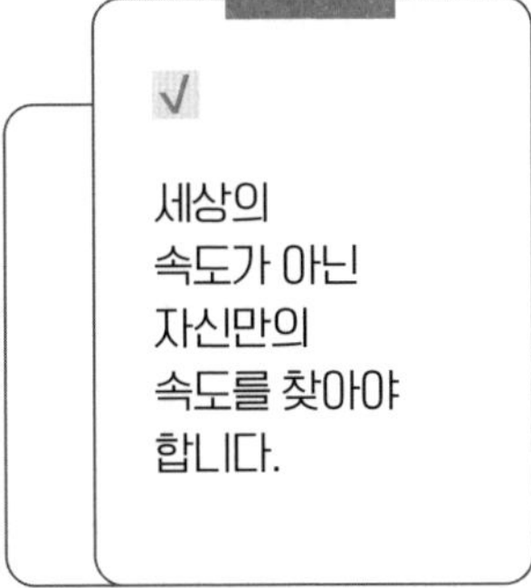

근간(根幹)은 변하지 않았지만, 시대의 흐름에 따라 적용방식은 다르다

어느 시대, 어떤 세대나 다 힘들다고 말합니다. 시대적으로 힘든 것의 종류가 다를 뿐 삶은 모두에게 어렵습니다. 다들 처음 겪는 경험이니까요. 우리 윗세대는 경제 성장기에 살았습니다. 당시를 부러워하거나 푸념한다고 현재가 바뀌지는 않습니다. 우리는 과거에 머물러 있는 것이 아닌 현재를 살아가는 사람들이니까요.

우리는 전 세대가 성공했거나 또는 성장했던 방식을 학습하면서 살아왔습니다. 그러나 이제는 앞세대의 성공 방식을 그대로 적용한다고 반드시 성공하리라는 생각을 버려야 합니다. **시대적 환경이 크게 변했기 때문입니다.** 사회는 대다수가 살아갈 범용적인 방법에 대한 이야기를 할 뿐 개개인이 살아갈 수 있는 세부적인 방법에 대한 것은 말해주지 못합니다. 그러므로 사회에서 전달해 주는 정보를 토대로 내가 어떻게 살아갈 것인가에 대한 생각과 판단을 스스로 내려야 합니다. 그래야 인정할 건 인정하고, 직시해야 할 것은 직시하고, 표현할 것을 표현할 수 있게 되는 것입니다. 한걸음 더 나아가서 사회에 대한 의존도를 줄여 '내가 스스로 어떻게 살아야 할지' 고민하게 됩니다.

앞서 말했지만, '예전은 좋았고, 지금은 안 좋다'라는 이야기를 쓸 거라면 이 책은 필요 없을지도 모르겠습니다. 과거와 비교했을 때 지금이 참담하다면 우리는 살아갈 의미가 없으니까요. 과거에 비해 어떤 것들이 변화했는지 그리고 앞으로 우리가 살아가려면 어떻게 준비하고 대응해야 하는지에 대한 이야기가 중요할 것 같습니다.

1985년생인 저는 80년대 중반, 1990년, 2000년, 2010년, 2020년을 지나오면서 변곡점이 심했던 1997~2020년에 경제 시작축인 20대와 경제 중심축인 30대를 관통해 왔습니다. 사회가 빠르게 변화해가는 시기를 피부로 느끼면서 과거-현재-미래 사회를 분석했고, 그 분석을 통해 어떻게 대응해야 하는지 구체적으로 언급하고자 합니다.

다음은 연대별 각 시기에 20~40대를 관통하는 사람들의 입장에서 분석한 것입니다. 20~40대를 지표로 잡은 이유는 경제 중심축 인구이기 때문입니다.

1960년 - 1997년

업무의 변화: 농업에서 산업화

사실 이미 이전부터 농업에서 산업화로 차츰 변경되어 갔습니다. 이 시기는 혼란스럽고, 과도기였습니다. 동시에 모든 물가가 낮고, 인프라를 구축하는 개척기 시대였습니다. 고생은 했지만 차츰 인프라를 구축해 가면서 열심히 하면 가시적인 성취를 얻을 수 있었습니다. 6.25 전쟁 후 복구와 산업화가 진행됨에 따라 풍요롭지 않은 상황에서 국가 경제가 성장하는 방향으로 흘러갔으므로 성취하는 것에 만족하면서 살아갈 수 있었습니다.

상대적 육체노동의 감소

"요즘 젊은 사람들은 육체노동을 안 한다"라는 말은 사회가 그렇게 만들어간 것이라고 생각합니다. 농업에서 산업화로 바뀌어가면서 상대적으로 육체노동의 강도는 줄어든 반면, 머리를 써야 하는 정신노동이 증가했습니다. 현재 젊은 층이 육체노동을 하기 싫어하는 부분도 있겠지만, 나에게 익숙지 않은 범위이기에 생각을 아예 하지 않을 수 있다고 사료됩니다. 육체노동은 농업 → 산업 → 정보화 → 온라인 사회로 변화하면서 점차 줄어들 수밖에 없는 수순이었습니다.

대가족제도와 조직의 지배력

이 시기는 아직 대가족제도가 유지되는 사회였습니다. 나보다는 우리가 중요시되었고, 정보가 발달하지 않았기에 연장자의 권위가 권력이 되는 시대였습니다.

산업화가 진행되면서 가시적인 성과물이 보이고, 삶이 상대적으로 풍족해졌습니다. 그러다 보니 가정에서 연장자의 말에 따르듯이 조직에서 수뇌부의 명령을 잘 따랐습니다. 정보가 덜 발달된 시대에는 연장자의 경험 또는 수뇌부의 고급 정보가 가정과 조직을 다스리는 힘이 되었습니다. 먹고 살아가는 데 불편함이 없다면 대부분은 용인할 수 있는 범위였습니다.

이 시대를 관통하던 분들은 순간은 힘들었을지언정 지금에 비해 세상이 변하는 속도는 더뎠습니다. 그렇기에 연장자의 말이 힘을 얻었습니다. 그 이유는 그 사람들의 경험을 반추했을 때 앞으로 일어날 결과들을 예측하고, 리스크를 줄일 수 있는 확률이 높았기 때문입니다.

점차적으로 고등교육이 보편화된 시대

현재 50~60대인 사람들이 고등교육을 받기 시작한 세대입니다. 지금 이분들의 나이를 거슬러 올라가 보면 8~90년대에 대학 시절을 보냈습니다. 그전에는 고등교육을 받는 숫자가 많지 않았습니다. 전쟁을 겪고, 국가가 성장하기 위해서 농업에서 산업화로 변화하는 시기였기에 일하는 대로 먹고 살 수 있었습니다. 꼭 고등교육으로 진출해야 할 필요성은 없었습니다. 그런데 먹고 살만해지자 주변이 눈에 들어옵니다. 잘 살펴보니 상대적으로 대학을 나오면 앞날이 창창해 보입니다. 그래서 이 시대부터 자식들에게 “공부해라~!” “대학 가야 앞길이 창창하다”라고 이야기합니다. 그 시대에는 맞는 말입니다.

그러면 지금은 어떨까요? 저는 회의적인 편입니다. 그 시대에는 대학을 졸업하는 사람이 수요대비 공급이 적었기 때문에 적절한 방안이었지만, 대학교 학력이 보편화된 지금의 시대에는 회의적인 시각을 가질 수밖에 없습니다. 그런데 다른 방법을 생각하기 어려우니 관례대로 계속 그 방향만 맞는 것처럼 몰아가고, 점차 길이 좁아지고 학력 인프라가 심해지는 현상을 초래하게 되었습니다. 그리고 1997년 IMF를 겪으면서 이 현상은 가속화되기 시작했습니다.

1998년 - 2019년

산업화에서 정보화로 변모하는 시대

1990년대에 초등학생이었던 저는 학교에서부터 컴퓨터를 배우기 시작했습니다. 처음엔 286에서 386으로 변하더니 점점 변화하는 속도가 빨라졌습니다. 90년대 중반에는 삐삐가 유행했고, 후반부에 들어서면서 스마트폰이 보급되기 시작했습니다. 스마트폰 하나로 많은 것을 할 수 있고, 온라인에 익숙한 지금의 세대는 이것으로 수익을 창출할 수도 있습니다.

산업화에서 정보화로 변모하면서 많은 것이 변화했습니다. 몸을 쓰는 일보다는 책상에 앉아 머리를 쓰는 직업이 늘어났습니다. 게다가 IMF라는 변곡점을 겪으면서 구조조정이 일어났습니다. 정보화 시대 국면으로 들어서면서 높아진 학력과 경제위기의 구조조정으로 인한 인적자원의 미스매치(mismatch)는 물가 상승과 일자리 감소로 이어졌습니다. 복합적인 요소로 평생직장이라는 개념과 안정적인 일자리 그리고 산업군별 상대적인 급여 차이로 인해 학력 경쟁은 더 치열해졌습니다.

제가 성장하던 시기는 이미 구축된 인프라를 일상에서 당연하게 여기면서 자라왔습니다. 그리고 사회에 진출할 때는 동일한 일에도 가시적인 성과물을 만들려면 상대적으로 전 세대보다 더 많은 노력이 필요했습니다. 의구심이 들더라도 성과물이 나오기에 살아가는 시기였습니다.

상대적으로 정신노동이 더욱 증가한 시대

블루칼라에서 화이트칼라로 변화되고 보편화된 시기입니다. 점차 육체노동보다는 정신 노동 비중이 증가했습니다. 자연스럽게 육체노동이 필요한 산업에는 우리나라 사람보다 상대적으로 임금이 낮은 국가 사람들로 대체되기 시작했습니다. 머리를 쓰는 시대에 태어났기에 머리를 쓰는 방향밖에 생각이 만들어지지 않고, 육체노동으로 수익을 만드는 방향은 생각 범위에 들어오지 않은 것이 보편화되는 추세였습니다.

핵가족화, 조직에 의문을 가지는 시대

국가에서 저출산 장려 정책을 하면서 점차 핵가족화로 바뀌었습니다. 그리고 이때부터는 **우리보다 나를 인지하기 시작한 시대였습니다.** IMF를 겪고 난 후의 세대이기에 안정적인 직장을 찾아 공무원 시험에 몰리기 시작했습니다. 그전에는 회사가 나와 우리의 삶을 책임져준다는 생각이 있었다면, IMF를 겪으면서는 회사가 내 인생을 책임져주지 않는다는 것을 깨달았습니다. 회사도 살아야 하니까 구조 조정을 단행했고, 많은 사람이 준비 없이 쫓겨났습니다. 대학을 마치고, 회사에 취업할 당시인 2013년의 저도 이렇게 생각하고 있었습니다. '회사는 회사에 필요한 사람을 고용할 뿐 나를 책임져주지 않을 것이다.' 그래서 맡은 일에는 최선을 다하되 언제든 그만두거나 또는 쫓겨날 상황을 대비해야겠다고 생각했습니다.

간혹 회사에는 나이가 많고 직급이 높아도 상관답지 않게 행동하는 사람들이 있습니다. 그들은 업무 방향이 정확하지 않으며, 책임을 아랫사람에게 전가하거나 자신의 그날 기분에 따라 감정대로 업무 지시를 내립니다. 이런 부류는 공부하지 않기에 어떻게 대처해야 할지 모르고 있습니다. 그만큼 세상은 빠르게 바뀌기 시작했고, 상관이든 부하직원이든 공부하지 않으면 세상에 대응하기 어려워졌습니다.

그래서 기성세대에 답을 물어보지 않습니다. 긴 세월을 살아온 연장자에게 예의를 다하는 게 도리지만, 그들의 말이 정답이라고는 생각하지 않습니다. 이제는 그 누구도 모르는 세상이 도래했습니다. 저도 이제 불혹의 나이를 바라보는 때이고 저 또한 기성세대로 진입해 가는 중입니다. 그래서 고민합니다. 어떤 선배가 되어야 하는가. "이렇게 해라! 저렇게 해라! 내 말대로 해야 먹고 산다!" 이런 지긋지긋한 소리 말고, 최대한 들으려 하고, 후배들이 가고 싶은 길을 의논하려 합니다. 딱 그뿐입니다. **우리가 살아가는 길에는 정답이 없습니다. 계속 부딪히고 시도하면서 앞으로 걸어가는 것뿐입니다.**

어려워도 어떻게든 살아가야 하고, 살아가는 방법을 모색해야 합니다. 하지만 2020년에 갑자기 찾아 온 코로나19는 많은 것을 앞당겼습니다.

2020년, 코로나19 이후

2020년에 사업을 시작한 저는 코로나19를 피부로 느꼈습니다. 굉장히 빠르고, 리드미컬하게 세상이 변해갔습니다. 사람이 쫓아가지 못하는 속도 정도가 아니라 숨이 턱 끝까지 차오르는 기분마저 들었습니다.

대면하는 사회에서 비대면의 사회로 바뀌었습니다. 코로나19로 방역 활동이 시작된 후 3년이라는 시간 동안 변화된 환경에 적응하면서 비대면 구조로 사업이 많이 재편되었습니다. 그러면서 사람을 대체하는 대체제의 등장으로 설 자리가 더 줄어들게 되었습니다. 제가 속해있는 세대가 조금 더 노력하면 가시적인 성취물을 얻을 수 있는 마지막 세대라고 한다면, 다음 세대는 모든 인프라가 완성된 시대를 살고 있기에 동일한 노력으로는 성취를 얻기 힘든 세대라고 말할 수 있습니다.

태어나 자라면서 보편적으로 풍요로운 환경에서 자랐지만 막상 자신이 사회에 진출할 때는 손에 닿지 않는 목표가 있기에 시작하기도 전에 포기하는 시대가 되었습니다. 코로나19로 기업은 구조조정을 단행하고, 사람이 없어도 된다는 것을 깨달았습니다. 개개인은 대체 근무와 재택근무를 하면서 회사에 목매어 사는 것이 맞는 건지 헷갈리는 시기입니다.

1인 가구: 내가 소중한 세대

지금은 나를 인지한 세대를 넘어서 내가 소중한 세대입니다. 국가와 기업에서 결혼을 장려하고, 결혼한 사람을 조금 더 승진시키는 이유는 책임질 이유가 많아야 국가/기업에서 지시하는 대로 움직일 수 있기 때문입니다. 그런데 먹고 살기가 척박해지면 자연스럽게 결혼과 출산에 의문을 던지게 됩니다.

고등교육을 받기 전, 국가의 통제 안에서 먹고사는 게 문제되지 않았던 시점에서는 "하나만 낳아 잘 기르자"라는 정책에 많이 동조했을지 모릅니다. 그런데 지금의 "출산을 장려합니다. 아이 1명을 낳으면 ○○○를 지원합니다!"라는 정책은 초점을 잘못 잡았다고 생각합니다. 그렇게 돈을 주더라도 나를 희생하면서 살고 싶은 사람들이 줄어든 시대이기 때문입니다.

그러다 보니 조직은 기존의 시스템에 왜 적응을 못하냐고 묻지만, 내가 소중한 세대가 기존 시스템에 들어가면 당연히 사표를 던지고 나오게 됩니다. **왜냐하면 아직 책임져야 할 이유가 만들어지지 않았고, 그 안에는 자기가 없다는 것을 인지하기 때문입니다.** 다만, 여기서 짚고 넘어가야 하는 범위가 있습니다. 무례하거나 생각이 없는 사람들은 논외입니다. 그건 나이의 많고 적음에 상관없으니까요. 과거에는 상명하복이 통했을지 모르지만 지금은 왜 그렇게 해야 하는가에 대해 윗사람이 아랫사람을 설득하지 못하면 진척되지 않는 환경입니다. 부모와 자식, 상사와 직원, 어른과 아이 할 것 없이 말이죠.

경쟁력을 잃은 고등교육과 살아갈 방향

이제 대학은 경쟁력이 되지 않습니다. 그러면 대학원까지 가야 조금은 경쟁력이 될까요? 아니면 아예 어릴 때부터 전문직으로 가기 위해 포트폴리오를 만들어야 할까요? 학력조차 나를 내세울 수 있는 시대는 지났습니다. 그러다 보니 지금 시대에는 더 많은 정보가 있는 사람 또는 자본력이 더 강한 사람에게 기회가 몰리는 현상이 강합니다. 결과적으로 어차피 해도 안 된다는 상대적인 박탈감이 사회 전반에 퍼지는 문제에 봉착했습니다. 그런 생각이 들수록 무엇인가 해보겠다는 의지보다 무력감의 수렁에 빠지게 됩니다.

그러면 가진 것이 없고, 정보도 부족한 사람은 살아갈 방법이 없는 걸까요? 그렇지는 않습니다. 상대적으로 부족하기 때문에 힘이 드는 것은 사실입니다. 그러나 힘들어도 나의 현재 위치를 들여다보고, 인정하고 시작해야 합니다. 비록 지금 내가 아무것도 없어서 물로 배를 채울지언정, 다른 사람에게 눈을 돌려서 맞추는 게 아니라 나에게 집중해서 한 걸음씩 자신만의 길을 만드는 수밖에 없습니다.

불확실한 변수가 많아진 환경

✓

외부의 상황에 흔들리지 않으면서 살아가려면, 나를 들여다보고 관찰하는 것에서 시작해야 합니다.

자본주의 사회에는 사람이 중요하지 않다

우리는 자본주의 사회에 살고 있습니다. 농업에서 산업화 그리고 정보화로 거듭나면서 사회는 자본주의적인 성향이 더 강해졌습니다. 자본주의 사회에서는 시간 대비 효율적으로 수익이 높아져야 하므로 언제나 사람을 대체하는 상황이 발생합니다.

사람이 일을 할 수 있고 그 일들을 효율적으로 보조하기 위해서 발전하면 좋은데, 자본주의 입장에서는 이중적인 비용 발생을 좋아하지 않습니다. 그 속도를 더 빠르게 앞당긴 것은 코로나19라는 질병이었습니다. 처음에는 무엇인지 모르는 질병인 탓에 사람이 걸리면 생산라인이 중단되는 경우가 빈번하게 발생했습니다. 그러다 보니 대체재를 찾게 되었고, 질병에서부터 자유롭고, 24시간 운영해도 문제가 되지 않는 자동화 시스템이 도입되기 시작했습니다. 사람이 많이 필요하지 않은 구조로 변경되다 보니 많은 사람을 뽑지 않아도 제품을 생산하는데 문제가 없어졌습니다. 그리고 자연스럽게 좋은 일자리도 줄어들었습니다. 그렇게 기업은 효율성을 높이는 방향으로 초점을 잡았습니다.

기업에서는 효율성을 높여 생산량을 늘렸지만 막상 노동시장이 줄고, 수입이 줄어드니 소비시장에서는 지출을 줄이는 구조가 나타나게 되었습니다. 부익부 빈익빈으로 양극화가 되는 것이 아니라 보편적인 소득이 있어야 경제도 맞물려 돌아가는데, 악순환이 발생하게 된 것입니다. 코로나19가 끝나가

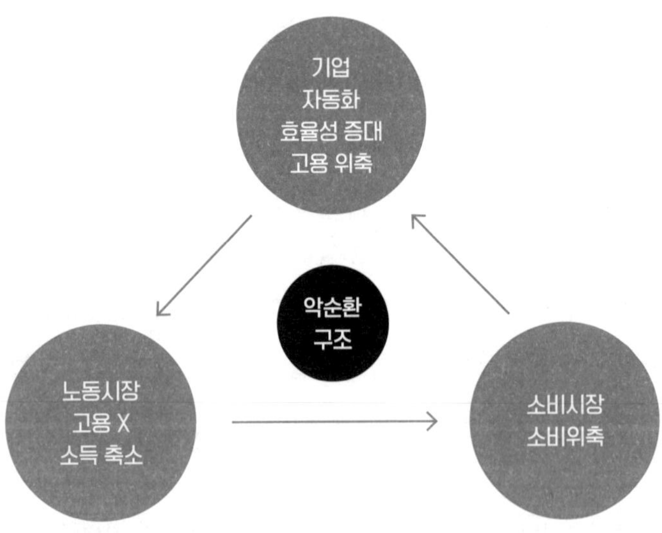

는 2022년부터 장기경기침제 상황에 들어가면서 악순환을 가속화시켰습니다. 코로나19만 끝나면 괜찮을 줄 알았던 세상이 코로나19보다 더 어려운 환경에 봉착하게 된 것입니다.

1. 코로나19 시기에 풀렸던 유동성 자금을 회수하면서 금리를 높여 고금리가 된 상황.
2. 러시아/우크라이나 전쟁에 따른 물류대란과 고금리가 맞물리면서 나타난 고물가 현상.
3. 자연스럽게 공과금뿐만 아니라 모든 부대비용이 상승하니 가용할 수 있는 돈이 없는 상태.
4. 바뀌지 않은 시스템을 거부하는 진화된 세대는 취업을 하지 않는 상황 또는 원해도 못 하는 상황.

우리와 가까운 일상에서도 사람을 대체하기 시작했다

이제는 사람을 대체하는 것들이 무엇이 있는지 우리 주변만 보더라도 쉽게 찾을 수 있습니다.

생활에서 발견되는 것들

처음에는 낯설었지만 이제는 무인계산대가 익숙합니다. 사람이 계산대마다 1명씩 배치되던 것이 이제는 무인계산대 10대에 1명씩 배치됩니다. 이런 무인계산대는 어디에서나 쉽게 발견할 수 있습니다. 저는 코로나19가 터지기 한참 전에 영국에서 미리 경험했습니다. 영국에 한 달간 머무르면서 식재료를 사러 마트에 가면 계산을 해주는 사람은 1명만 있고, 나머지는 스스로 계산했습니다. 처음에는 위화감이 들었지만, 익숙해지니 사용자 입장에서는 더 편리했습니다. 대신에 그것을 봐주는 사람은 챙겨야 할 일들이 늘어나게 된 것이지요. 몇 년 뒤 코로나19가 터지자 한국에서도 보편화되기 시작했습니다.

기업도 점진적으로 자동화시스템으로 바꿔가고 있습니다. 비단 기업의 이야기만이 아닙니다. 식당에서는 인건비 증가와 인력의 불규칙성 때문에 사람을 대체하는 수단을 사용합니다. 키오스크, 테이블오더, 서빙로봇 등을 사용하거나 아니면 1인 사업을 하는 경우가 늘어났습니다. 기업 생산라인에서 사용되던 것들이 축소된 형태로 우리의 생활 속에 천천히 들어오고 있는 중입니다.

AI, Chat GPT가 사람의 정보 영역을 대체하기 시작

AI가 나타난 지 얼마 되지 않아 Chat GPT가 등장했습니다. 삶을 살아가는데 편리하다고 모두 좋아하지만 항상 좋은 면만 있지는 않습니다. 많은 정보를 수집할 수 있는 AI와 Chat GPT는 사람의 편의성 또는 욕심 때문에 진화했습니다. 그에 따라 사람이 있을 수 있는 자리도 점점 좁아지고 있습니다. 그렇다고 지금 와서 없앨 수도 없습니다. 이제는 이러한 것들을 받아들이고 어떻게 살아가야 하는가를 고민해야 하는 시대입니다.

기성의 방식이 통용되지 않는 시대, 변수가 많은 환경

인프라가 구축되는 시기에는 기존 세대의 경험을 바탕으로 교육이 이루어졌습니다. 그렇기에 그 가르침대로 따라가면 무난히 삶을 영위할 수 있었습니다. 20살 이전에는 대학에 들어가면 취업 준비를 하고, 취업하면 결혼하고, 결혼하면 출산하는 것을 당연하다고 생각했습니다.

하지만 대학은 이제 변별력이 없어졌고, 사회에 설 수 있는 자리는 제한적입니다. 옆은 보지 못하고 앞만 보고 달려왔는데, 순위 안에 들지 못하니 살아갈 방법을 찾지 못하는 것입니다. 그제야 앞만 보고 달리던 것을 멈추니 세상이 눈에 들어오기는 하지만 방법을 찾지 못하고, 막막하니 모든 것을 내려놓게 되는 상황이 발생합니다.

일상을 침범한 질병, 언제 또다시 등장할지 모른다는 불안감

코로나19는 우리가 당연하다고 생각했던 일상을 침범했습니다. 그리고 지금은 일상으로 돌아왔지만 코로나19 이전의 일상이라고 보기는 어렵습니다. 코로나19 이전의 일상이 돌아올 것이라고 생각하는 것은 "라떼는 말이야"와 똑같은 사고방식입니다. **우리는 과거에 머무르는 것이 아니라 현재를 살고 미래를 어떻게 만들어가야 할지 고민해야 합니다.**

코로나19 이전에도 사스, 메르스가 있었지만 이렇게 장기간 우리의 삶에 깊숙이 파고들지는 않았습니다. 지금은 다시 일상을 영위하지만, 언제 이런 질병이 다시 발생할지 모르는 불안감이 여전히 남아있습니다.

국제전쟁으로 인한 물류대란

우리와 상관없는 러시아/우크라이나 전쟁이 우리의 삶에 이처럼 깊은 영향을 미칠 거라는 생각은 미처 하지 못했습니다. 세상은 이미 세계화 시대이기 때문에 직간접적으로 우리에게 영향을 주고 있습니다. 수입하던 물류에 지장이 생기면서 원자재 값의 상승으로 연결되고, 자연스럽게 물가 상승으로 이어집니다.

예측 불가능한 기후

아직 직접적이지는 않지만, 이상기후는 우리 삶에 많은 영향을 미칩니다. 같은 서울에서도 한쪽에서는 해가 쨍쨍한데, 다른 한쪽에서는 스콜성 폭우가 쏟아지고는 합니다. 기후를 예측해서 대비해야 하는데, 시시각각 바뀌어 예측하기 어려운 상황에 놓입니다. 그에 따른 환경의 변화로 기존에 볼 수 없었던 벌레들이 나타나는 현상도 자주 목격됩니다.

조직에 필요한 인원은 한정되어 있다

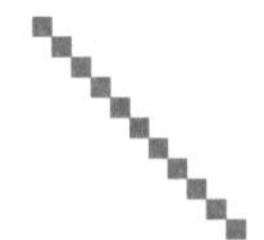

지독하게
올라가려고
하기보다는
주변을 보면서
독하게 내 삶을
살아가려고 합니다.

회사가 전부인 줄 알았습니다.

하지만 그게 아니라는 것을 알았습니다

앞서 이야기했지만 저도 좋은 대학, 좋은 직장이 내 삶을 말해주는 줄 알았습니다. 그래서 대학을 졸업하면 좋은 회사를 들어가는 것이 목표였습니다. "대학 졸업 → 취업 → 결혼" 이것이 당연한 공식이라고 생각했습니다. 스스로 고민을 하면서도 다른 방법을 모르니까 남들이 많이 하는 방식이 마치 정답인 것처럼 안주하며 따라갔습니다.

한편으로는 자금 여력도 없고, 경험도 부족하니 무엇인가 시도한다는 자체가 두려운 마음도 있었습니다. 그렇기에 내가 할 수 있는 것은 취업밖에 없다고 생각했습니다. 별다른 기술도 능력도 없으니 그렇게 할 수밖에 없다는 것을 깨닫기도 했습니다. 취업하고 1~2년은 일을 처리하는 것도 버거웠습니다. 어떻게 생각하고 처리해야겠다는 우선순위 없이 일이 들어오는 대로 해결하기에 급급했습니다. 그렇게 2~3년 차가 되어갈 때는 이제 일을 어떻게 처리해야 하는지 우선순위를 잡을 수 있었습니다. 우선순위를 잡았다는 것은 일을 효율적으로 처리하면서 스스로 생각할 수 있는 시간을 확보했다는 반증이기도 합니다.

윗사람은 그냥 생각날 때마다 일을 던져줍니다. 처음에는 그걸 다 했는데, 나중에는 제 호흡을 가져가면서 대응했습니다. 어차피 본인도 기억하지 못할뿐더러 갑자기 기억하고서는 "왜 안 했어?"라고 하면 그때 해도 괜찮습니다. 보통 저는 "언제까지 해오면 되겠습니까?"라고 반문해서 기간을 정확하게 명시하고 일을 진행했습니다. 그러면 상사도 급하다면 "언제까지 해줘!"라고 정확하게 명시하고, 자기도 뜬구름 잡는 소리였다면 "여유 있으니까 천천히 해~"라고 합니다.

여유 있으니까 천천히 하라고 했는데 나중에 왜 빨리 안 했냐고 하면 대응하고, 만약 타당한 이야기를 했는데 대든다고 권력으로 누르면 사표 내면 됩니다. 회사가 하나만 있는 건 아니니까요. 그렇다고 자기가 할 일을 하지 않거나 대충하면서 자신의 것만 얌체같이 챙기라는 것은 아닙니다. 저는 되레 제 것을 챙기지 못했습니다. 과한 업무로 인해 하반신이 마비가 오기도 했습니다. 그렇다고 회사를 탓하지는 않았습니다. 내가 할 것은 다 하지만 딱히 기대하지 않는 성향이어서 그런 듯합니다. 저는 그렇게 회사를 다녔습니다. 저처럼 무식하게 회사를 다닐 필요는 없지만, 회사를 다닐 때는 딱 3가지 정도만 생각하시면 좋을 듯합니다.

1 내가 할 것은 다 하고 의견을 피력한다.

2 상사가 키워준다는 말은 믿지 말고, 부당한 지시면 사퇴해도 괜찮다. 그만둔다고 인생 안 망가진다. 그리고 그 상사도 자기 목구멍이 포도청인데 뭘 키워주겠는가? 전형적으로 자기 편하기 위해 아랫사람을 이용하는 악질적인 상사는 경계하는 게 좋다.

3 업무적인 관계로 엮였으니 선을 넘지 않는 선에서 예의 있게 의견을 개진한다.

저에게 귀감이 되는 상사들도 많았습니다. 직속 상사는 아니지만 영업팀 팀장님은 해외 바이어를 상대로 어떻게 대응해야 하는지 알려주셨습니다. 단어 하나하나에 민감하다는 것을 알려주면서 어떤 단어를 써야 하는지 말입니다. 공장장님도 큰 힘이 되어주셨습니다. 한때 품질 이슈로 인해 유관부서와 협력업체가 소집된 적이 있습니다. 직속상관은 처리할 일이 많아 바쁘고, 단독으로 움직이려는데 공장장님이 저를 호출하셨습니다.

"박정우 사원, 일을 어떤 방식으로 하려고 합니까?"

"이러한 이유로 이러이러하게 진행하려 합니다."

"혼자서 괜찮겠습니까? 회의에 같이 참석할 테니 이끌고 싶은 방향으로 움직여보세요."

공장장님은 회의에 같이 참석해서 제가 브리핑하는 내용에 몇 마디 지지해 주셨고 이는 큰 힘이 되었습니다. 중립적인 태도를 취하면서 회의 소집자가 의견을 피력할 수 있게 힘을 실어주는 모습을 보고 많이 배우게 되었습니다. 공장장님이나 영업팀장님을 보면서 '나도 저런 상사가 되어야겠다. 후배들에게 힘이 되는 선배가 되고 싶다!'라는 생각을 했습니다.

그러다 공장장님께서 은퇴할 시기가 되었습니다. 회사에 다니면 당연한 수순이지만, 그 광경을 직접 눈으로 보게 되니 나도 언젠가는 저렇게 되리라는 생각이 들었습니다. 공장장님이 은퇴 후 하시는 사업은 대기업에서 하던 장치산업이기에 개인이 하기 힘든 분야입니다. 60세가 다 되어 은퇴했으나 아직 살아갈 날이 많기에 어떻게 살아야 하는지 고민이 많아 보였습니다. 그런데 막상 회사에 모든 것을 다 헌신하다 보니 정작 자신이 나가서 무엇을 해야 할지 몰라 불안하신 듯했습니다.

그렇게 아무 생각 없이 회사만 잘 다니려고 생각했던 저에게 삶을 어떻게 대비해야 하는지에 대한 고민의 시간이 만들어졌습니다. 저라고 남들과 다를 거라고 절대 생각하지 않습니다. '나도 똑같을 거야. 그럼 나는 어떻게 해야 하지?'가 생각의 전제조건입니다.

회사는 피라미드 구조라는 사실을 다시 깨달으며

그때 문득 회사 조직도가 눈에 들어왔습니다. 피라미드 구조. 말단 사원은 상대적으로 임금이 낮으니 많이 뽑지만, 위로 올라갈수록 임금이 높아지니 인원은 점차 줄어들게 됩니다. 자연스럽게 위로 올라가지 못한 사람은 퇴사하거나 아니면 위로 올라가려고 자기를 갈아 넣어야 하는 상황이 발생합니다.

회사에 인정받고 높은 직급으로 올라가길 원한다면 좋은 일입니다. 조직 수뇌부에 올라가려면 '나'는 없고 '회사를 위한 나'가 되어야 했습니다. 그런데 저는 그런 부류는 아니었나 봅니다. 그러려면 적절한 권력욕도 있어야 했겠죠. 조직의 위로 올라가서 바꿔 보겠다는 생각도 없었습니다. 그러려면 어차피 윗사람의 마음에 들어야 하는데, 후배를 독려하는 상사라면 좋겠지만, 만약 아첨꾼을 좋아하는 사람이라면 그 또한 쉽지 않으니까요. 그리고 그렇게 올라가서 내가 바꾼다고 한들 조직이 바뀔까요? 이미 그렇게 고착화되어 오랜 시간이 지났고, 정작 오너가 바뀌지 않으면 조직은 절대로 바뀌지 않는다고 생각했습니다.

불만은 없습니다. 절이 싫으면 중이 떠나면 되는 거니까요. 모든 회사가 비슷한 구조일 거라고 생각합니다. 이미 구조가 굳어져 있는 곳은 더할 것입니다. 불필요한 회식, 불필요한 비위를 맞추는 것도 싫었습니다. 예의나 정중한 태도는 갖춰야겠지만 말입니다.

회사에 필요한 인원은 한정되어 있다는 것을 깨달았습니다. 그리고 회사가 내 삶을 보호해 줄 거라는 생각도 들지 않았습니다. 어쩌면 당연한 사실을 너무 늦게 깨달아 버린 것일 수도 있습니다. 그래서 고민했습니다. '회사에 필요한 사람으로 남아서 은퇴할 것인가? 아니면 조금 겁이 나더라도 내 삶을 살 것인가?'

회사원으로 삶을 영위하면 자연스럽게 내 시간은 줄어들고, 업무에 치중하는 시간이 많아집니다. 벌써 10년 가까이 된 이야기니까 세상이 조금은 좋은 쪽으로 바뀌었으면 하는 바람은 있습니다. 위로 올라가면 올라갈수록 업무량이 많아지고, 신경 써야 할 것이 많아집니다. 가정에 소홀해질 수밖에 없습니다. 돈으로 모든 것을 해결하게 되고, 대화나 감정의 교감은 남아 있지 않게 됩니다. 부부가 남보다도 못한 사이가 되어 버릴 것 같았습니다. 많은 생각을 점검하는 시간이었습니다.

1 회사원으로 죽을 때까지 다니겠다고 마음먹어도 언젠가는 은퇴를 하게 된다.

2 윗자리로 올라갈수록 더 치열하게 경합해야 하는 부분도 있는데, 그 치열한 경합이 그만한 가치가 있는가?

3 아무 준비 없이 회사에서 나가라고 했을 때 나는 무엇을 할 수 있을까?

4 긴 시간 동안 가족 간의 교감이 없다면 내가 은퇴하고 돌아갔을 때 가정에 나의 자리가 남아 있을까?

여러 생각이 들었습니다. 이마저도 사람마다 다를 것입니다. 상위 1%의 성공을 하고 싶은 사람도 있겠지만, 저는 그런 부류는 아닙니다. 그저 내 삶을 잘 살아내고 어제보다 오늘 조금 성장해 나가면 좋다고 생각하는 사람입니다. "잘난 사람이 되자!"가 아니라 그저 **내 삶을 타인에게 휘둘리지 않고 잘 살아내길 바랄 뿐입니다.** 지독하게 올라가려고 하기보다는 주변을 보면서 독하게 내 삶을 살아가려고 합니다.

그럼에도 불구하고, 회사에 다녀보기를 권합니다

회사를 오래 다니라고 말씀드리는 것은 아닙니다. 그럼에도 불구하고 회사에 다녀보라고 권하고 싶은 것은 조직이 돌아가는 상황을 배울 수 있는 시간이기 때문입니다. 회사에 다니면서 조직이 어떻게 운영되는지를 배우는 것은 좋은 공부니까요. 다만, 조직에서 했던 대로 사회에 나와서 개인 사업에 적용하는 것은 위험합니다. 조직은 각 부서별 업무가 분장되어 있기에 내가 맡은 파트만 잘 해내면 유관조직과 연결되면서 성과물이 나옵니다. 그런데 종종 사람들은 착각합니다. "이거 내가 나가서 해도 되겠는데?"라고요. 미안한 말이지만 혼자 나가서 할 때는 규모가 상당히 축소되며 A~Z까지 스스로 해야 합니다. 회사를 나와서 자기 사업을 시작할 때는 다음 사항을 주의해야 합니다.

1 자신의 규모에서 가능한 범위를 산정하고, 스스로를 과대평가하지 말 것.

2 무엇으로 시작해야 하고, 어떻게 준비해야 하는지를 시간을 두고 고민할 것.

회사에 다니면서도 돈을 번다가 아니라 배운다는 생각을 하셨으면 좋겠습니다. 그리고 자신의 삶을 살아갈 때 '어떻게 적용해야 하는가?'를 생각해 보면 좋을 것 같습니다.

고도화된 환경이라고 고민이 달라졌을까?

내가 어디로
가야 하는지
방향이 보이면
힘들어도 제대로
한걸음씩
걷게 됩니다.

시대가 바뀌었다고 고민하는 것이 많이 달라졌을까?

우리가 사는 환경이 고도화되었고, 안정화되었다는 것은 모두가 인지하고 있는 부분입니다. 그럼, 전 세대가 살던 환경과 달라졌으니 연령대별로 고민이 많이 달라졌을까요? 막상 그렇지는 않습니다. 먹고사는 것 자체가 걱정이던 세대의 시각에서는 "다 먹고살 만한데 뭐가 걱정이야?"라고 할 수 있습니다. 틀린 말은 아니지만 맞는 말도 아닙니다. 지금을 살아가는 사람들은 과거의 경험을 피부로 느끼지 않았으니까요. 지금 겪고 있는 일들은 모두 다 처음입니다. 환경이 바뀌고 시대가 고도화 되어도 어떻게 살아가야 할 것인가에 대한 걱정은 정도의 차이일 뿐 동일하다고 생각합니다.

20살 성인이 되기 전에 우리는 초등학교 6년, 중학교 3년,

고등학교 3년 동안 오직 대학을 목표로 앞만 보고 달려갑니다. 그렇게 해서 모두 원하는 대학에 들어가 원하는 진로를 선택한다면 다행이지만 쉽지 않습니다. 대개는 성적에 맞춰서 최대한 나에게 이익이 되는 학교나 학과를 지원하게 됩니다. 20살 이전에는 부모님 말씀을 잘 듣거나 입시 위주의 공부를 잘해서 좋은 대학을 가면 삶이 순탄해지는 게 맞습니다. 사회적으로 성공한 부모님 밑에서 자란 아이들이라면 그럴 확률이 높을 수 있습니다. 인정할 수밖에 없는 현실입니다.

1. 입시 위주의 공부를 하지 않아서 대학을 못 가면 나의 삶은 없는가?

저는 입시 위주의 공부를 못했습니다. 다시 하라고 해도 하기 싫습니다. 재미도 없고요. 대학을 못 가도 삶이 없어지는 건 아닙니다. 그리고 이제는 대학이 나의 앞날을 보장해 주는 시대가 끝났다고 생각합니다. 어느 위치에서든 내가 할 수 없는 범위가 아니라 내가 할 수 있는 범위에 초점을 맞춰야 합니다.

2. 성인이 되어서 찾으면 늦는 것인가?

저도 평범한 사람 중 한 명이기에 20살부터 고민하면서 살았습니다. 돌이켜 생각하면 20대의 10년은 나를 찾아가는 방황의 시간이었다고 생각합니다. 방황한다고 해서 남에게 폐를 끼치거나 사회적 물의를 일으키는 것이 아닙니다. 그건 방황이 아니라 방탕에 가깝습니다. 20대는 상대적으로 30대나 40대보다는 체력이나 에너지가 절대적으로 좋은 시기입니다. 딱히 돈이 안 되는 것이라도 본인이 관심 가는 것이라면 시도해 보는 것이 좋습니다. 그게 습관이 되면서 앞으로도 그렇게 연쇄적으로 시도해 보고 맞으면 취하고, 안 맞으면 그만 하면서 나를 만들어 가는 것입니다. **성인이 된 20살은 스스로 사회에 홀로서기를 시작한 1살입니다.** 차곡차곡 잘 만들어간다면 30대 중반이 되었을 때 자신의 그릇이 만들어질 겁니다. 자신이 가지고 있는 능력에 따라 영역의 차이는 있을 수 있지만, 적어도 타인에게 휘둘리지 않고 스스로 걸어갈 수 있는 삶을 만들 수 있습니다. 쉽지는 않습니다. 평범하지만 평범한 일이 결코 쉽게 되는 경우는 없습니다.

3. 출발이 늦었거나 또는 선상이 다르니까 노력해도 의미 없다?

출발은 늦을 수도, 다를 수도 있습니다. 왜냐하면 태어난 환경도 다르고, 각자가 자신을 들여다보고 고민하고 깨닫는 시간이 다르니까요. 다른 사람의 속도를 보지 않았으면 좋겠습니다. '저 사람은 저만큼 앞에서 가고 있는데 나는 왜 이러지?' '나도 저만큼 있었으면 저 사람보다 더 잘했을 텐데'라는 지금 당장 실현할 수 없는 생각으로 시간을 보내지 마세요.

어느 날 아내에게 이런 말을 했습니다. "우리는 열심히 살아가고 있는데 왜 이렇게 더딜까?" 그러자 아내는 "그건 아무 것도 없이 맨손으로 시작했으니까?" 하고 답하더군요. "그야 그렇지." 저는 이렇게 답할 수밖에 없었습니다. 이때 갑자기 아내가 이런 말을 합니다.

"세상 모든 사람이 서울에서 출발해서 부산을 가야 해. 그런데, 가지고 태어난 게 달라서 어떤 사람은 전용 비행기를 타고 가고, 어떤 사람은 비행기를 타고 가. 그리고 기차로 가는 사람도 있고, 자동차로 가는 사람도 있어. 자동차도 능력에 따라 차종이 달라. 그런데 우리는 그냥 맨몸밖에 없어. 그럼 당신은 어떻게 갈 거야?"

곰곰이 생각하다 입을 열었습니다. "나는 걸어갈래."

"왜?"

"다른 사람들과 다르게 목적지에 도달하는 방법이 뭘까 고민해봤어. 어차피 나보다 더 나은 위치에 있는 사람들인데, 내가 쫓아간다고 뭐가 달라지겠어? 항상 그들 뒤에 있을 뿐이지. 그러니까 나는 그냥 걸어갈래. 걸어가면서 산도 보고, 들판에 꽃도 보고, 사람 만나 이야기도 듣고 그럴래. 그리고 부산에 도착했을 때 사람들에게 이야기보따리를 나눠줄래. 그러면 그 이야기를 들으려고 사람들이 모이지 않을까? 그러다 보면 느리더라도 괜찮게 도착한 게 아닐까? 어차피 나는 빨리빨리 못해. 내 성향을 잘 아니까…. 당신은 어떻게 할 거야?"

"오! 그 방법도 괜찮네. 나는 시간을 가지고 비행기를 만들 거야."

갑자기 이런 질문을 한 것에 대해 의구심 가득한 눈으로 바라보니 "서울=태어남, 부산=죽음이라고 생각하면 어차피 우리는 가야 하는데, 태어났을 때는 맨몸인 상태야. 내가 언제 죽을지도 몰라. 대부분 나이 들어서 죽을 거라고 생각하지만 몇 살에 죽을지 모르니까…. 그래서 우리는 언제 끝날지 모르는 종착지를 가는 건데 빨리 가는 게 무슨 소용이야? 종착지까지 잘 살다가 가는 게 중요하지."

아! 왠지 한방 맞은 느낌이었습니다. 성공만 바라보면서 시야가 좁아진 입장에서는 삶을 계속 놓치게 됩니다. 어차피 다 가지거나 전부 할 수도 없는데, 안달복달한다면 나를 갉아먹는 것일 테니까요.

이 이야기를 들려드린 이유는 자신의 삶과 성향을 파악하는 것이 중요하기 때문입니다. 저는 아내처럼 생각하지 못합니다. 그래서 나를 들여다보면서 나라면 어떻게 할까를 고민한 것이고, 아내도 자기를 들여다보면서 자신의 성향에 맞춰서 해법을 말한 것입니다. 삶에는 정답도 오답도 없습니다.

4. 잘난 부모님을 못 만나면 내 삶은 기대할 수 없다?

잘난 부모님을 못 만나면 억울(?)한 세상입니다. 출발 선상이 다르니까요. 그런데 부모님을 탓하면 뭐가 달라질까요? 부모님 품에서 벗어나지 못하고 계속 머물러 있길 원하는 자신은 괜찮을까요? 내 삶은 부모님과는 별개의 영역입니다. 부모님 말씀을 잘 듣는다고 잘 사는 게 아니고, 부모님 말씀대로 살지 않는다고 못사는 것도 아닙니다. 내 삶이니까 스스로 생각하고, 행동을 점검해야 합니다. 그 행동 하나하나가 모여서 자신의 삶을 만들기 때문입니다. 스스로 판단하고 대화할 수 있는 역량을 길러야 합니다. 부모님 품에 있으면서 내 삶을 산다는 것은 말도 안 됩니다. 내 삶을 살겠다는 것은 경제적, 공간적, 의식적으로 자립한다는 의미입니다.

세대와 시대가 변해도 고민하는 것은 똑같다

이 책에서 정답을 얻으려고 생각하지 마세요. 정답은 없고, 빠른 길도 없습니다. 이 글은 상위 1%의 성공한 사람이 되기 위한 것이 아니라 **나를 어떻게 관리해서 성장 속에서 내 삶을 잘 살아낼 것인가**에 대한 이야기니까요. 세대와 시대가 변해도 연령별로 고민하는 것은 비슷합니다. 다음은 20년 전에 20살이던 제가 주변을 관찰하면서 내가 앞으로 어떻게 살아갈지에 대해 고민했던 기록입니다.

성인이 된 순간 드는 생각은

부모님 품에서 벗어나 성인이 되었다는 해방감에 들뜨는 시기지만, 사실 부모님 품에서 벗어난 것은 아니고 스스로 문제를 일으켰을 때 책임을 져야 하는 나이라고 생각하는 게 맞습니다. 아직 세상에 필요한 존재가 되지는 않았습니다. 막상 정신을 차리고 보면 어떻게 살아야 할지 막막합니다. 지금 하는 일이 나한테 맞는 건지 알 수도 없고, 계속했을 때 내 삶이 보인다고 이야기하기도 어렵습니다. 그런데 이게 당연한 겁니다. 성인이 된 후에는 교과서가 없습니다. 선생님도 없습니다. 정답을 찾는 것도 아닙니다. 계속해서 시도하면서 자신만의 길을 찾아가야 합니다.

저는 스스로에게 끊임없이 "그럼, 어떻게 첫 단추를 잘 잠가야 내 삶을 잘 만들어갈까?"라는 질문을 던졌습니다. 특출한 능력이 있는 것도 아니고, 뛰어난 역량이 있는 것도 아니었으니까요. 그래서 내가 할 수 있는 일부터 집중했습니다. 지출을 늘리지 않고 소모성 대출을 받지 않으며 일단 몸을 움직여서 해결할 수 있는 것은 해결하려 했습니다. 쓰기보다 모으는 것부터 해야 나의 30대, 40대 그 이후도 차곡차곡 준비할 수 있겠다는 판단을 했습니다.

30대에 보통 드는 생각

착실하게 살아왔다는 전제 조건에서 결혼하지 않았다면 조금은 여유로운 생활을 하고 있을 것입니다. 보편적으로 결혼하고, 출산을 계획하는 30대 중반부터 고민이 깊어집니다. "내가 이 회사에 오래 다닐 수 있을까? 아직 노후 준비도 되지 않았는데." "자영업을 해봐? 그러기엔 조금 부담스러운데…. 막상 내가 뭘 잘하는지도 모르잖아." 이런 생각이 듭니다.

40대에 보통 드는 생각

싱글이나 딩크(DINK)족이라면 그나마 다행이지만, 사회가 만들어놓은 생애주기를 당연하게 여기고 가족을 만들었다면 슬슬 과부하가 걸리기 시작합니다. 가족을 책임지기 위해 회사는 그만둘 수 없고, 계속 다녀야 한다면 남들보다 더 열심히 한다는 것을 보여주기 위해 야근을 하거나 과업무에 시달립니다.

월급만으로는 안 되겠다고 생각하고 무작정 창업에 뛰어들었을 때는 빠른 시간에 수익을 증대시키려고 혈안이 되다 보니 낭패를 보는 경우가 많습니다. 그럼 다시 쫓겨서 자금을 끌어다 쓰고, 다시 안 되고 하다 보면 악순환이 벌어지면서 가정도 자기 자신도 위태롭게 만드는 경우가 많습니다.

지금처럼 자본주의가 고도화되고, 선진국으로 산업이 안정화되었으며, 경제가 장기침체인 시대에는 더 위태로울 수 있습니다. 전반적으로 수입을 증대할 수 있는 방법은 감소하고, 실질 소득이 줄어들어 무엇인가 시도하기 어려운 환경에 맞닥뜨리기 때문입니다.

50대 이상에서 보통 드는 생각

"노장은 살아있다!"라거나 "나이는 숫자에 불과하다!"라고 외치는 것은 그냥 생각만 하셨으면 좋겠습니다. 50대 이후는 자신이 지금까지 만들어 놓은 것을 잘 지키면서 남은 생을 마무리하는 단계라고 생각합니다. 그런데 대부분은 은퇴 후에 퇴직금을 끌어다가 사업을 벌입니다. 점검도 없고, 체력도 안 되고, 경험도 없는 상황에서 그렇게 합니다.

잘되면 다행입니다만, 세상은 처음부터 그렇게 잘되는 경우가 흔하지 않습니다. 잘되더라도 본인이 자기관리가 안 되면 금방 무너지곤 합니다. 혹시라도 잘 안 되면 그동안 만들어왔던 삶도 위태로워질 수 있습니다. 불안해서 사업장에 하루 종일 붙어있는다고 잘되는 것은 아니거든요. 어디에 있든 "어떻게 해결할 것인가?"라는 질문을 통해서 문제를 해결해 나가야지, 방법을 모색하지 않고 걱정만 하며 전전긍긍하는 것은 제자리에서 발을 동동 구르는 것과 같습니다.

사회적으로 지위가 있다가 은퇴하면 "내가 체면이 있는데…"라면서 자기 능력보다 과하게 사업을 벌이기도 합니다. 자기 체면부터 생각하는 것 자체가 자기 사업을 하면 안 되는 부류입니다. 뭐든지 처음 시작한다면 전직이 장관이든 교장이든 회장이든 다 내려놓고 학생으로 시작하는 겁니다.

결국엔 먹고 살고, 내 삶을 영위해 나갈 수 있느냐가 중요합니다.

이처럼, 우리가 살아가는 시대 환경은 바뀌었어도 주변을 돌아보면 연령대별로 생각하는 것은 비슷해 보입니다. 대부분 '나는 아닐 거야'라고 생각합니다. 또는 '나는 특별해!'라고 생각할 수도 있습니다. 자라온 환경에서 부모님들이 "우리 아이는 특별하다"라는 것을 인지시켰을 테니까요. 미안하지만 나도 다른 사람과 똑같다는 인식에서부터 출발해야 여러분을 더 잘 점검할 수 있습니다. 저는 항상 '나는 다른 사람과 똑같다'라고 생각했습니다.

지금은 대학 교수인 직속 선배가 제가 학부생일 때, "정우야. 너는 어떻게 그렇게 스스로 절제가 잘 되는 거니?"라고 물어온 적이 있습니다. 그렇게 선배가 질문하기 전까지는 제가 절제를 잘하는 줄도 몰랐습니다.

"다른 사람과 같다고 생각하면 그렇게 돼요. 했을 때 나한테 해가 되지 않을 것 같으면 시도해 보고, 반대로 했을 때 삶이 위태로울 것 같으면 호기심조차 가지려고 하지 않아요. 저도 그들과 같은 사람이니까요. 안 좋은 것을 하면 나도 안 좋게 빠질 수 있을 테니까 애초에 생각조차 안 하죠."

"그래도 남들 하는 건 다 해보고 싶지 않아? 좋은 것이든 아니든."

"에이, 선배! 저는 저를 그래도 어느 정도 알아요. 다 할 수 없다는 것도 알고요. 그리고 저도 같은 사람이니까 내 스스로 생각하고 경계해야죠. 그리고 중요한 건 저는 남들과 같은 형편이 아닌걸요." 이렇게 웃으면서 답했습니다.

"네가 형편이 나았으면 좋았으련만…. 그렇게 애써 밝게 이야기하지 않아도 돼."

"뭐, 어둡게 이야기할 필요도 없죠. 그게 내 현재 상황인걸요. 형편이 좋았다면 더 많은 것을 보고 배우려고 했겠지만 그렇지 못하면 맞춰서 배우면 되죠. 그리고 할 수 있는 상황이 되면 그때 해도 되고요. 어차피 다 가지려고 해봐야 가지지도 못하고, 다 해보려고 해봐야 하지 못하고 죽어요. 그러니까 내가 지금 할 수 있는 것에만 집중하고, 나를 망가뜨릴 것 같은 일에는 경계하는 거죠."

어려운 시대,
우리는 어떻게 살아가야 하는가?

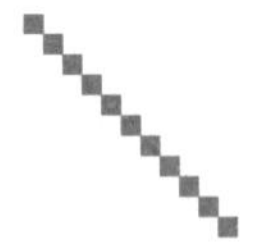

나를 들여다보면서
방법을 찾아야 하는데,
자꾸 자기에게 맞지
않는 타인의 방법만
찾으려고 합니다.

고도화된 사회(선진국)일수록 척박하다

우리가 살고 있는 시대는 고도화되고 안정화된 사회입니다. 하지만 선진국이라고 해서 항상 좋은 면만 가지고 있지는 않습니다. 사회가 발달해서 편리해진 만큼 사람이 할 수 있는 일은 줄어들기 때문입니다.

자금의 여력이 있거나 전문직이라면 조금은 상황이 나을지도 모릅니다. 일이 줄어들었을 때, 조금은 버틸 가능성이 있으니까요. 하지만 나이를 불문하고 시작하는 입장에 있는 사람에게는 결코 쉬운 상황이 아닙니다. 회사에 다니다 막상 자신의 일을 갑작스럽게 준비하는 입장에서는 혼란스러울 수밖에 없습니다.

예를 들어 2000년대 초반까지는 크림 파스타, 토마토 파스타에 베이컨을 올리거나 스테이크를 올리면 대중에게 괜찮은 제품으로 평가받았습니다. 그런데, 2020년 코로나19를 지나고 나서도 비슷할까요? 그럴 확률은 줄어듭니다.

그 이유는 우선 대기업에서 크림소스, 토마토소스의 품질을 높이고, 가격은 다운시켰기 때문입니다. 두 번째로 코로나19 시기에 여행도 못 가고 갇혀 지내던 사람들이 하나둘씩 외식을 하면서 상향 평준화된 다양한 제품들을 맛보기 시작했습니다. 세 번째로 이제는 집에서도 저렴하고, 간편하게 먹을 수 있는 밀키트 제품들이 다양해졌습니다.

이제 소비자는 상향 평준화된 음식과 공간을 경험하고, 대기업은 간편성과 가격 측면의 합리성 그리고 상향된 품질로 경쟁하고 있습니다. 그리고 다양한 제품에 더불어 하루에도 수백 개의 신제품이 쏟아져 나오고 있습니다. 그렇다면 파스타를 판매하더라도 상대적으로 그것을 사 먹을 이유를 만들어서 소비자에게 제공하거나 아니면 아이덴티티를 명확하게 가져가야 합니다. 그럴 수 없다면 오른 식자재비를 감수하고 마진을 줄여 가격을 20년 전보다 더 저렴하게 제공하는 방법밖에 없습니다.

전자는 무리한 사업 확장을 하지 않는다면 어느 시기나 망하지 않을 확률이 높습니다. 후자의 경우에는 대기업, 프랜차이즈와 경쟁에서 밀리고, 식자재 값이 올라가면 가격에 대한 대응이 어렵습니다. 장소 또한 입지가 좋은 곳에서 시작해야 하기에 고정비가 많이 듭니다. 그런데 코로나19 같은 질병이

나 장기 침체와 같은 개인이 어떻게 할 수 없는 상황에 도달하면 국면을 타개할 방법이 없어 지쳐버립니다.

식품을 예시로 들었지만 어느 분야나 비슷합니다. 이렇게 환경이 척박하다 보니 우리는 생존하기 위해서 성공한 사람들의 이야기를 쫓아다닙니다. 그러나 실행하다 보면 얼마 못 가 포기하고 맙니다. 성공한 사람들이 이야기하는 방법은 맞지만, 시작하는 사람이 단번에 도달할 수는 없습니다. 그래서 힘들고 어렵더라도 단계별로 성장해가야 하며, 꼭 앞만 보고 갈 필요도 없습니다.

돈을 좇지 말라는 이유는 돈을 벌지 말라는 말이 아니다

돈을 좇지 말라고 하면 사람들은 다들 돈을 벌지 말라는 이야기라고 오해합니다. 우리는 자본주의 사회에 살고 있기에 돈을 벌어야 합니다. 그래야 나의 생활을 계속해서 만들어갈 수 있습니다. 돈을 좇지 말라는 이야기는 돈이 되는 것만 쫓다가는 정작 중요한 나의 삶이 없어진다는 말입니다. 열심히 돈을 벌었지만 결국 "그 돈을 가지고 무엇을 할 것인가?"가 없으면 사치와 향락에 빠져서 나를 망쳐버리는 경우가 발생합니다. 그리고 돈을 좇으면 상대방의 이야기를 들었을 때 중요한 행간을 놓칩니다.

이해를 돕기 위해 제가 직접 겪은 방이동 사기꾼 이야기를 해드리겠습니다.

어느 날 한 유튜버에게 "작가님이 저희랑 같이 촬영하면 좋겠습니다!" 라는 제안을 받았습니다. 출연료를 받을 생각도 없고, 혹시라도 비용을 요청하면 거부할 생각이었습니다. 그런데 비용 없이 그냥 와서 같이 촬영하자는 제안에 경험 삼아 한번 해보자는 생각으로 찾아갔습니다.

그런데 영업은 이때부터 시작이었습니다. 저랑 약속했던 담당 PD는 갑자기 급한 일이 생겨서 나갔다고 합니다. 그리고 응대하는 사람은 "정우 씨 하시는 일이…." 이러면서 저를 훑어봅니다. 정상적인 경우라면 사전 준비를 마치고 응대하게 되어 있습니다. 최소한 자기소개가 먼저입니다. 그런데 즉석에서 얻은 정보를 가지고 어떻게든 짜맞추려고 하는 태도가 보였습니다. 그래서 저는 "책 한 권 내고, 가게 하나 하고 있습니다." 하고 간략한 정보만 제공하고, 물끄러미 바라봤습니다.

그러자 자기 회사는 큰 기업들과 거래하고, 자기들과 작업하면 유튜브로 월 1,000만 원 정도 이익을 얻을 수 있다고 자랑을 늘어놓습니다. 그러고는 "선생님, 서로 시간이 돈이지 않습니까? 유튜브 촬영을 하는데, 많이는 아니어도 10~20만 원 비용을 쓰셔야 할 거 같은데, 진행하시겠습니까?"라고 합니다.

분명히 이 사람은 저에게 사기를 치지 않았습니다. 그리고 선택권도 저에게 줬습니다. 그런데 중요한 건 이 사람이 중간 중간에 쓴 꽂히는 단어에 문제가 있었다는 것입니다. "큰 기업, 월 1,000만 원 수익"이라는 말을 듣고 난 다음에 유튜브 촬영 비용으로 10~20만 원이라고 하면 어떤 생각이 들까요? '이 정도는 가볍게 해도 괜찮겠다!'라는 생각이 들지 않을까요? 만약 내가 돈이 없고, 상황이 다급한 사람이었다면 판단할 시간 없이 그 사람 말만 믿고 진행했을 겁니다. 대부분 '나는 안 그럴 거야'라고 생각하지만, 의외로 확률이 높습니다.

여기서 제가 사기라고 판단한 몇 가지 단서가 있습니다.

1 전화로 PD가 연락했을 때는 '비용 없음'이었는데, 막상 현장에 오니 적더라도 비용 이야기가 나온다(앞뒤 말이 다르다).
2 게스트를 불러놓고, 자료 조사가 되어 있지 않다(사업적인 체계가 없거나 대충 한다는 생각이 든다).
3 큰 기업과 거래한다고 자랑한다(보통은 큰 기업이라고 이야기하지 않습니다. 대기업 또는 자기들이 직접 협업하는 기업을 명시해서 보여줍니다. 그럼, 그 기업에 연락해서 확인하는 절차를 밟으면 조금 더 파악하기 쉽습니다).
4 월 1,000만 원을 벌 수 있게 해준다(계약서가 아닌 구두로 하는 것은 의미가 없습니다. 추후 결과가 예상대로 나오지 않더라도 "당신이 능력이 없어서 그런 것입니다. 우리는 제대로 했습니다"라고 이야기할 확률이 높습니다).

액수의 많고 적음이 문제가 아닙니다. 1억이든 10억이든 사용해야 할 목적이 충분하다면 아끼지 말고 투자해야 하지만 단돈 10원이라도 버려지는 돈이라고 생각된다면 아껴야 합니다.

"이야기 잘 들었습니다." 하고 나오면서 '세상에 이런 사람이 많을수록 살기 더 힘들겠다. 이런 인간들에게서 개개인을 스스로 지키게 하는 방법은 없을까?'라는 생각이 들었습니다. 이런 부류의 인간들은 칼이 아닌 말로 사람의 인생을 죽이는 것이라고 생각합니다.

그렇게 걸어가면서 곰곰이 생각했습니다. '이런 녀석들은 누구를 타깃으로 이렇게 영업하는 걸까?' 그러다가 든 생각은 자기 가치관이 만들어지지 않았거나 누군가에게 의존하려는 사람들은 쉽게 당할 수 있겠다는 생각이 들었습니다. 제가 휘둘리지 않았던 것은 돈을 좇지 않고, 상대방이 말하는 것과 행동을 계속해서 보고 있었기 때문입니다. 그러니 급하더라도 조금은 멈춰서 생각하시는 게 좋습니다. 그래도 쉽지 않은 세상입니다.

자신을 들여다봐야 길이 만들어진다

돈을 좇지 않고, 사람들에게 휘둘리지도 않으며 남들과 동일한 목표로 경쟁하지 않고 살아가려면 자신의 길을 찾아야만 합니다. 돈을 버는 정도는 자신의 길에 비례해서 벌릴 것입니다. 꼭 엄청나게 커야 할 필요도 없고, 상위 1%가 될 필요도 없습니다. 그리고 상위 1%도 처음부터 되는 경우는 없습니다. 제일 첫 단계는 성공이 아닙니다. 스스로 서 있어야 하는 단계입니다. **스스로 서려고 노력하면 그 안에 성장이 있습니다. 성장을 하다 보면 결과물로 성취물이라는 것이 만들어집니다.** 다만, 내가 가지고 있는 능력과 길에 따라 그 차이가 있습니다. 그런데 남의 떡이 더 커 보인다고 다른 사람 것만 부러워하다가는 정작 자신의 길도 제대로 걷지 못하는 경우가 발생합니다.

다시 말하지만 세상은 공평하게 출발하지 않습니다. 맞습니다. 저는 이걸 인정했습니다. 동일한 목표를 향해서 달린다면 저는 언제나 나보다 앞선 사람의 뒤통수만 바라봐야 할 것입니다. 그런데 내가 다른 방향으로 달린다면 이야기는 달라집니다. 동일한 방향이라면 계속 뒤통수만 봐야 하지만, 다른 방향이라면 불확실하더라도 어떻게든 다른 결과가 만들어지지 않을까요?

그렇다면 우리는 그 가능성을 어디서 찾아야 할까요? 멀리서 찾으면 계속 쫓다가 시간을 보낼 겁니다. 어렵고 힘들더라도 계속해서 자신에게 물어봐야 합니다. 비록, 그 길이 사회적으로 지위가 상승하거나 수익이 높지는 않더라도 그렇게 자기를 알고 자신만의 길을 만들어 가면 '가능성'과 '자신의 삶'을 만들어 갈 수 있습니다. 그래서 다음 장에는 자기를 관찰하는 훈련 방법들을 기록했습니다. 지금은 자기를 알아야 자신의 삶을 끝까지 살아갈 수 있는 시대이기 때문입니다.

PART 3

세상에 스스로 내딛는 첫걸음, 자기관찰

OPEN

자기관찰,
나를 알아가는 첫걸음

나한테 부끄럽고
싫지 않았습니다.
내가 대충 산다면
내 몸과 생각은
나에게 반항도 못 하고
내가 하는 대로 살다가
끝날 테니까요.

자기관리, 누가 대신해 주지 않습니다

성인이 된다는 건 인생을 스스로 살아간다는 의미입니다. 그렇기에 옆에 잔소리하는 사람이 없습니다. 미성년일 때는 좋든 싫든 부모님의 보호 아래에 있으므로 의지할 사람이 있는 게 당연합니다. 하지만 성인이 된 순간, 나를 책임지는 사람은 나 자신입니다.

세상에 나오면 스스로 해결하는 것이 기본입니다. 불공평하다고 투정 부릴 수 있습니다. 불만을 표출할 수도 있습니다. 왜냐하면 시작하는 조건부터 이미 격차가 벌어져 있기 때문입니다. 그러지 않은 사회를 위한 목소리는 필요하지만 그것만 바라볼 수는 없습니다. 세상은 내 삶을 돌봐주지 않기 때문입니다.

그래서 저는 세상은 이미 기울어진 운동장이라는 사실을 인정했습니다. 그리고 부모의 역량이 좋아서 자본을 많이 가진 사람과 동일한 목표로는 절대 살아갈 수 없겠다고 생각했습니다. 굳이 그렇게 살아가려고 불필요한 스트레스를 받기도 싫었습니다. 그보다는 **내가 할 수 있는 일에 집중하는 것이 더 괜찮겠다고 판단했기 때문입니다.**

저는 가장 먼저 우리가 살고 있는 세상을 점검했습니다. 자본주의 사회에는 돈이 필요합니다. 지금 당장 살아가야 할 돈도 필요하고, 미래의 내가 살아갈 수 있는 자금도 필요합니다. 그리고 일이 필요합니다. 처음 시작할 때는 생계형일 수 있지만, 어느 시점이 되어서는 생활력이 되는 일이 필요합니다.

젊을 때는 없어도 젊으니까 시도라도 해볼 수 있지만, 나이가 들어 상대적으로 일하기도 힘든데 생계를 걱정하게 되면 삶을 영위할 수 없습니다. 그리고 같이 어울릴 수 있는 사람도 필요합니다. 내가 가지고 있는 것들을 보고 붙어있는 속물이 아니라 아무것도 없을 때부터 나 자체를 바라봐주는 사람이 필요합니다. 그래야 언제 어느 때든 웃으면서 이야기를 나눌 수 있고, 그 사람들이 있으면 재미난 일이라도 조금씩 할 수 있습니다.

어렸을 때는 남들보다 조금 빨리, 어떻게 하면 좀 더 쉽게 갈 수 있을지 고민했습니다. 그런데 그렇게 가려고 하다 보니 예민해지고, 가끔은 숨이 차고 내가 없다는 것을 느꼈습니다. 그래서 성공한 사람들이 가는 방식은 맞지만 평균적이지는 않다는 생각이 들었습니다. 그래서 '나 같은 평균적인 사람은 세상을 헤쳐 나갈 방법이 없는 걸까?'라는 질문을 스스로에게 던져 보기 시작했습니다.

20살에 의지할 데 없이 시작해서 대학교를 마치고, 회사에 취업해서 열심히 모았습니다. 빚은 없지만 그렇다고 자금이 넉넉한 상황은 아니었습니다. 그리고 결혼하기까지 열심히 살았지만 현실은 아파트 한 채 사기가 쉽지 않았습니다.

그래서 불만을 터뜨리기보다는 어떻게 하면 내 삶을 단계별로 만들어갈 수 있을까를 고민하면서 스스로 훈련했습니다. 살아가는 동안 끊임없이 변화하는 환경에 맞춰 생각해야 한다는 것을 깨달았습니다. 그렇지 않으면 세상이 힘들다는 생각에 되는대로 살아가다 나이가 들어 삶의 어려움에 봉착할 것 같았습니다.

삶은 행복해도 힘듭니다. 자신이 하고 싶은 일을 해도 힘듭니다. 행복하고 자신이 하고 싶은 일을 하면 안 힘들다는 착각을 합니다. 물론 힘듦의 종류가 다르기는 합니다. 되는 대로 사는 삶은 내가 성취를 이룰 수 없기에 세상이 절망스러워 힘든 거고, 행복하고 자신이 하고 싶은 일을 하는 건 성취가 따라오기에 만족스럽지만 그 과정이 힘듭니다. **세상에 쉽고 빠르게 가는 길은 없습니다.** 그 생각 자체가 잘못된 것이라고 사료됩니다.

아직 마흔을 바라보는 나이지만 삶이 20대보다 30대에 무거웠고, 30대보다 다가올 40대가 더 무겁게 느껴집니다. 할 수 있는 것들이 늘어난 것과 별개로 말입니다. 20살부터 세상에 내가 할 수 있는 것보다 내 마음처럼 되지 않는 게 많다는 것을 알았습니다. 그래서 제가 선택한 방법은 나에게 집중해서 단련하는 것이었습니다.

100%는 아니지만 적어도 바꾸려고 노력하면 제일 변화하기 쉬운 건 나 자신밖에 없었습니다. 제 방법이 여러분 스스로 자신을 찾아가는 데 조금이나마 도움이 되었으면 좋겠습니다. 자신을 찾아야 내가 어떻게 살아갈지 각자의 길이 보이니까요.

경험을 쌓으면서 나를 관찰한다

내가 감당할 수 없는 자본금이 필요하거나 몸이 혹사하는 상황이라면 잠시 물러서서 고민해 봐야 합니다. 그러나 내가 시간을 들여 할 수 있는 일이라면 이때는 그냥 해보는 게 중요합니다. 해보고 안 맞으면 그때 내려놓아도 되니까요. 그런데 시도조차 하지 않으면 그다음을 볼 수 없습니다. 결국에는 경험이 쌓이면서 자기가 어디로 가야 할지 찾아야 하는데, 머리가 똑똑해서 이론적으로는 알더라도 경험이 없다면 대처 능력이 부족합니다.

그래서 저는 학생 시절, 등록금과 생활비를 벌면서도 다양한 경험을 하려고 노력했습니다. 상대적으로 여유가 없으니까 이때는 어쩔 수 없이 잠을 자는 시간을 줄여야 했습니다. 그래야 내가 내 삶을 준비할 수 있으니까요. 힘들었지만 쉽고 편하게 갈 생각을 버렸습니다. 학자금 대출을 받아서 편하게 학교 다니다가 그 빚을 갚는 데 시간을 쓰기보다는 지금 내가 움직여서 최대한 할 수 있는 범위에서 유지하는 게 좋다고 판단했습니다. 처음에는 힘들었지만 어느 순간 몸에 습관이 되어 버리니 힘들다는 생각조차 들지 않았습니다.

식품 관련 학과다 보니 궁금한 마음에 호텔 아르바이트를 시작했습니다. 홀 서빙, 주방 보조, 베이커리 보조 그리고 관련 없는 축구장 경호원, 안전요원, 지금은 없어진 책 대여점, 사무직 보조, 빌라 청소, 과외, 호프집 등을 했습니다. 식품에 대한 흥미가 점차 늘어나 대학원에 진학해서 식품 연구를 하고 회사에 취업하면서 연구를 계속했습니다.

이 안에서도 그냥 일만 하는 게 아니라 저를 대입해서 생각했습니다. 호텔도 식품연구원도 직무는 좋아하지 않았지만, 음식만들기를 좋아한다는 것을 깨달았습니다. 그리고 2020년 코로나19에 죽은 상권에도 불구하고 〈밀라노기사식당〉이라는 작은 레스토랑을 열었지만, 하루하루가 힘들었습니다. 솔직한 심정으로 매일 신장개업과 폐업을 반복하는 기분이었습니다. 그래도 음식 만드는 것은 놓고 싶지 않았습니다.

손님들의 응원 덕분인지, 다행히도 방송 출연, 책 출판, 협업 제안, 강연 등의 요청이 왔습니다. 이런 경험을 통해서 저를 또 관찰한 것입니다. '강연은 조금은 힘들지만 그래도 즐겁다. 글을 쓰는 것은 고통스럽지만 행복하다. 그리고 매장에서 손님들의 얼굴을 보고 음식을 내드리고 대화하는 것이 나는 좋다.' 이렇게 말이죠.

저는 저를 관찰하면서 찾아가고 있습니다. 성공이나 돈

에 초점을 맞춘 건 아니지만 자연스럽게 나를 알아가면서 하고 싶은 것을 하니 작은 것들을 성취하면서 결과물이 하나씩 만들어지고, 돈은 그 결과물에 따른 부산물로 들어오고 있습니다.

한계치를 찍어보는 연습

사람은 본능적으로 게을러지고 싶어 하는 욕구가 있습니다. 그래서 그 게으름의 본능을 이성적으로 이겨내면서 나를 관리하는 습관을 들이는 훈련이 필요합니다. 저는 어렸을 때 무엇인가 하려면 시간을 쪼개어 쓸 수밖에 없었습니다. 그래서 시간 단위로 스케줄표를 짜고 빡빡하게 움직였습니다. 그런데 이렇게 쉴 틈 없는 스케줄은 반드시 역효과가 났습니다. 너무 무리하게 스케줄을 세워서 하다 보니 후반부에 지치게 되거나 몸이 상하게 됩니다. 그러다 보면 대충 또는 설렁설렁 하면서 의지가 약하다는 핑계를 댑니다. 그럼에도 불구하고 한 번쯤은 자신의 한계치를 찍어보는 연습이 필요합니다. 그 이유는 두 가지입니다.

첫째는 자신의 한계치 범위를 스스로가 인지하는 것입니다. 그렇게 한계치를 인지하면 더 할 것인지 아니면 그 정도에서 멈출 것인지 판단할 수 있습니다. 두 번째로는 한계치를 넘어갈 방법을 찾게 됩니다. 그렇게 스스로가 조금씩 한계치를 넘기는 방법을 찾으면서 성장을 할 수 있기 때문입니다. 물론 몸이나 정신이 혹사당하거나 피폐해진다면 그건 옳은 방향이 아닙니다.

자신만을 위한 시간이 필요하다

스케줄을 세우는 것은 그날 해낼 수 있는 작은 성취를 만들어서 스스로 만족을 느끼는 방법입니다. 저는 요즘 아침 6시에서 12시까지 6시간 동안은 딱 3가지만 합니다.

1. 운동 2시간
2. 글쓰기 2시간
3. 독서 1시간

매일 하기는 쉽지 않습니다. 다른 일정이 계속 생기니까요. 그래도 기본적으로 이렇게 하루를 시작합니다. 그러면 하루를 시작하는 마음이 달라지거든요. 저는 이제 성인이 되고 18년 만에 저를 위해서 쓸 수 있는 시간이 하루에 6시간 생긴 겁니다. 그밖에는 미팅, 강연, 재료 준비, 레스토랑 운영 등으로 돌아가지만, 자신만을 위한 시간을 가지려고 계속 노력합니다. 반드시 제가 하는 방법이 아니더라도 바쁘고 피곤하게만 살지 않으셨으면 합니다. 조금은 **자기에게 집중하고, 자신을 위해 생각하는 시간이 필요합니다.** 어떠한 조직에 속해 있더라도 그 조직이 여러분의 인생을 책임져 주지 않습니다. 그리고 지금의 사회는 고착화된 사회이기에 나로부터 출발하는 것이 있어야 살아갈 수 있습니다.

불필요한 감정을 내려놓는 연습

나이가 어릴수록 에너지가 있기에 감정적으로 결정을 내리는 경우가 많습니다. 그리고 나이가 어리지 않더라도 경험이 부족하면 감정적인 상황을 떨쳐내는 데 어려움이 있습니다. 전자는 의욕이 앞서서 구조를 보지 않고 '할 수 있다'는 의지만으로 밀어붙이는 경우입니다. 후자는 사업을 하다 보면 지인들이 친분을 앞세워서 다가오는 경우에 해당합니다.

전자의 결과에서는 방향이나 방법을 몰라서 무너지는 경우가 자주 발생하니 길게 가지 못합니다. 후자에는 친분을 이용하기에 정확한 서류검토 없이 구두로 하다 보면 나중에 잘 안되어 전부 다 잃게 되는 경우가 발생합니다.

그렇기에 불필요한 감정이나 정은 제외하고 생각하는 게 좋습니다. 이타심은 기본적으로 모든 사람을 대하는 마음입니다. 그러나 삶의 주체는 바로 자기 자신입니다. 모든 일에 내가 없어지는 상황이라면 해서는 안 됩니다. 저 또한 비슷한 사람입니다. 그래서 저는 리스크가 큰 경우에는 한 발 물러서서 검토하는 시간을 가집니다. 처음부터 이렇게 된 건 아닙니다. 연습을 통해서 습관화했습니다.

남의 시선이 아닌 나의 시선으로 살기

어렸을 때부터 신기하거나 다른 사람이 하는 것은 꼭 따라해야 하는 한국인의 습관을 보며 자랐습니다. 저도 여기에 포함된 사람이었죠. 그러니 대학을 왜 가야 하는지 모르지만 "일단 달려!" 하면서 대학에 들어갔습니다.

남들이 취업하니까 **나도**

남들이 결혼하니까 **나도**

남들이 해외여행 가니까 **나도**

남들이 아파트 사니까 **나도**

남들이 명품을 사니까 **나도**

자기를 찾지 못하니까 자꾸 남을 따라 하게 됩니다. 그러다 보니 정작 나를 제대로 보는 것과 멀어집니다. 그런데 저는 남에게 피해를 주는 건 의식하더라도 남에게 어떻게 보일지에 대한 고민은 벗어났습니다. 그렇게 스스로 연습하고 벗어나 보니 세상 편합니다. 괜히 남에게 도움주겠다고 설레발치는 사람은 되려 피해만 줍니다. 그냥 남에게 피해만 주지 않으려고 생각하면 그게 도움이라는 사실을 깨달았습니다. 그리고 남의 시선을 의식하지 않고 나와 대화하다 보니 나에게 필요한 것과 불필요한 것이 구분되었습니다. 이때부터는 삶이 풍요롭고, 과소비할 이유도 없어집니다.

자기 속도, 자기 방향

자기관찰을 통해서 자기를 알아가는 것이 중요합니다. 우리는 환경과 상황 그리고 재능이 모두 다르기 때문에 속도와 방향도 다릅니다. 그런데 나를 보는 연습이 없으니 옆에서 먼저

한발 앞서나가면 조급해집니다. 그래서 그 뒤를 쫓아가려고만 하다가 다시 자신을 볼 일이 없어집니다. 그렇게 나이를 먹다 보면 어느새 나를 알아가는 훈련이 되지 않아서 나를 모릅니다.

우리는 다릅니다. 틀린 게 아닙니다. 각자 생각하는 것과 각자의 삶이 남에게 피해주지 않고, 남을 악용하는 게 아니라면 괜찮습니다. 그러니 본인의 속도와 방향을 찾는 게 무엇보다 중요합니다. 그리고 꾸준히 해나가는 겁니다. 살다 보면 낮은 파도가 올 때도 있고, 높은 파도가 올 때도 있습니다. 계속 시도하다가 내 속도와 방향이 맞을 때 그 물에 배를 띄우면 됩니다.

목표달성, 체계적인 연습

결과는 우리 몫이 아닙니다.
중요한 건 과정에서 얼마나 후회 없이 했는지입니다.

처음부터 완벽해지려는 욕심을 버려야 한다

공부를 잘하는 아이와 못하는 아이의 습관을 보면 능력이 크게 차이 나는 것처럼 보입니다. 그러나 자세히 들여다보면 실제로는 그다지 크게 차이 나는 부분은 없습니다. 아래 이야기를 예시로 드려볼까 합니다. 참고로 이 이야기는 개인적으로 좋아하지는 않지만, 하나의 예로 봐주시면 좋겠습니다.

과정을 가만히 들여다보면 공부를 못하는 아이는 처음부터 모든 에너지를 쏟습니다. 그러다 보니 몇 문제 풀지도 못하고, 어려운 문제가 나오면 책을 덮어버립니다. 그러면 그 문제를 패스하고 다음으로 넘어가면 좋은데, 모르는 부분 없이 넘어가겠다는 완벽주의적인 생각으로 책을 덮어버립니다. 노력은 하지만 성장하는 노력이 아니라 그 자리에 머물러 있는 노력을 하게 되는 것입니다. 공부를 잘하는 아이는 일단 처음부터 끝까지 그냥 쭉 나갑니다. 이해가 되든 안되든 말입니다. 끝까지 갔으면 다시 앞으로 돌아와서 이해되지 않은 것들을 다시 풉니다. 처음보다는 두 번째 진행을 하면서 이해도가 올라갑니다. 처음에 100개의 문항이었다면 두 번째 진행할 때는 50개의 문항만 집중하면 됩니다. 세 번째 진행할 때는 30개의 문항에만 집중합니다. 그렇게 이해된 것들에는 시간을 줄이고, 이해되지 않은 문항에 집중하면서 이해의 폭을 넓힙니다. 그러다 보면 100문항을 다 마스터할 수도 있고, 그렇지 않더라도 90% 이상은 이해하게 됩니다.

이 차이점을 잘 아는 이유는 전자의 성향에서 후자의 성향으로 변해온 사람이 바로 저 자신이기 때문입니다. 처음부터 공부를 잘한 사람은 이해하기 어렵겠지만, 과정을 모두 거쳐왔기에 전, 후자가 이해되는 것입니다. 둘의 차이점은 능력은 그렇지 않은데 완벽해지려는 욕심으로 초반에 힘이 많이 들어가니 끝까지 갈 힘이 없다는 겁니다. 그런데 공부를 잘하는 아이는 그냥 합니다. 그러다 보면 끝까지 한 번 '완주'했다는 작은 성취가 생겨납니다. 성취를 만들어가는 다양한 방법을 알면 그만큼 대응할 수 있는 범위가 넓어지게 마련입니다.

무리하지 않는 범위라면 '그냥 걷듯이'

공부로 예를 들었지만 삶도 비슷합니다. 처음부터 "엄청 잘 해내겠어!" "대박 낼 거야!"라고 생각하면 보통 멀리 못갑니다.

저는 앞 상황과 같이 이야기하는 사람을 신뢰하지 않습니다. 반대로 이런 사람들은 신뢰합니다. 서로 의논하고 그 과정에서 자신이 감당할 수 있겠다는 생각이 들 때 "해보시죠"라고 이야기하며 구체적인 단계를 협의하는 사람들입니다. 이들은 목표에 도달할 수 있는 자신만의 방법을 아는 사람들입니다. 물론, 회의를 통해 양쪽 당사자가 같이 그 목표로 가는 합의점이 도출되어야 할 것입니다.

우리는 할 수 있는 범위에서 하나씩 해나가야 합니다. 제가 어렸을 때 수학 선생님께서 해주신 말씀이 기억납니다. "여러분, 그물을 만들려면 어떻게 해야 할까요? 그물은 큰 범위부터 선을 엮어야 해요. 그래야 큰 틀이 만들어지고, 그 기본골격을 기반으로 해서 중간그물이 생기며, 중간그물이 완성되면 그 다음으로 세부그물을 엮는 겁니다. 자연스럽게, 촘촘하게."

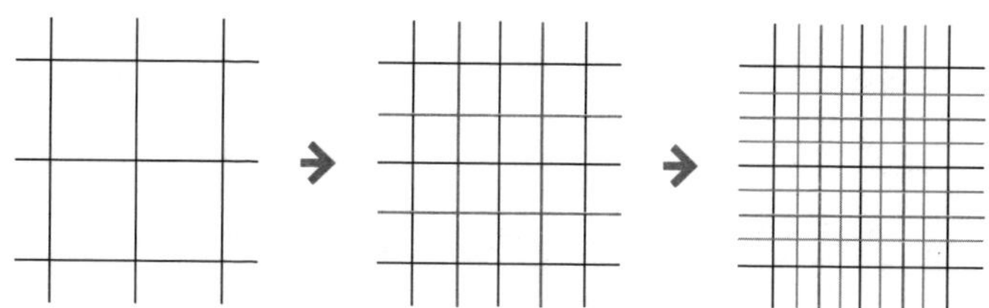

"그런데 여러분은 큰 그물부터 엮으려고 하지 않고, 처음부터 촘촘하게 하려고 해요. 그러다 보면 그물망을 다 만들기도 전에 먼저 포기해버리고 맙니다."

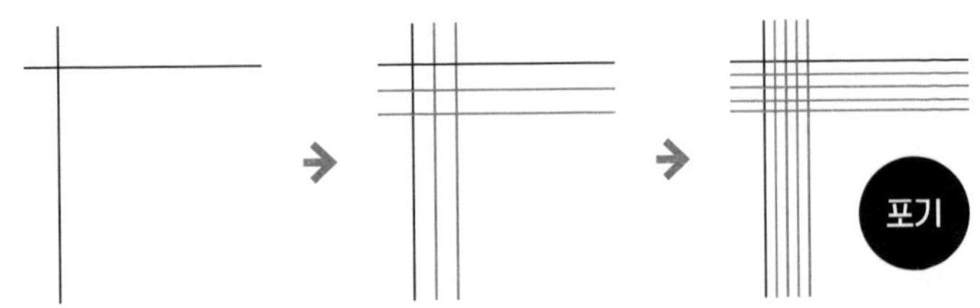

호흡하듯이, 걷듯이 그렇게 해나가면 됩니다. 무리하거나 또는 잘하려고 하는 순간부터는 과부하가 걸립니다. 아니면 너무 의욕이 앞서서 지레 포기하게 됩니다. 결과는 우리 몫이 아닙니다. 중요한 건 과정에서 얼마나 후회 없이 했는지입니다. 그리고 결과가 만족스럽지 못하더라도 내가 다시 일어설 수 있으면 됩니다. 그러면 적어도 나의 삶과 그다음이 남아 있게 됩니다.

포기해 버릴 목표보다는 해낼 수 있는 목표부터

처음에 시작할 때 원대한 목표 같은 것은 세우지 마세요. 내가 해낼 수 있는 만큼부터 시작하는 것입니다. 한 번도 목표를 세운 적 없고, 또 목표를 달성해본 적 없는 사람에게 원대한 꿈을 이야기하는 것은 뜬구름 잡는 소리입니다. 대단할 필요 없습니다. 우리는 그저 잘 살아가는 게 목표여야 합니다.

처음에는 하루에 1개 정도를 목표로 하는 게 좋습니다. 예를 들어 책 30분 읽기, 아침 7시에 일어나기, 운동 1시간과 같이 일단 무리하지 않는 범위에서 시작합니다. 이건 예시이므로 자신의 에너지나 역량에 따라서 조금씩 넓혀가면 됩니다. 그렇게 일주일이나 한 달을 하다 보면 몸이 자연스럽게 익숙해집니다.

그러면 항목을 2~3개 추가하세요. 하루 운동 1시간, 독서 1시간, 취미 생활 1시간과 같이 별거 아닌 것 같지만, 이렇게 작은 목표부터 계속해서 성취해 가야 합니다. 그래야 내가 하고 싶은 욕심이 생깁니다. 그렇기에 결과만 보는 게 아니라 **과정을 충분히 즐겨야 합니다. 그 과정이 쌓여서 결과가 만들어지는 것이니까요.**

살짝 버겁지만 도전하고 싶은 목표를 설정한다

해낼 수 있는 목표가 점차 내 몸에 맞게끔 되었다면 살짝 버겁더라도 도전하고 싶은 목표까지 시도해 보는 게 좋습니다. 우리가 가까운 곳을 여행할 때는 그저 가볍게 떠납니다. 하지만 해외처럼 멀리 나간다면 어떻게 준비하나요?

- 자료 찾기
- 예산을 잡고, 모을 방법을 고민하기
- 필요 물품 챙기기

이처럼 낯선 곳에서 생존하기 위한 준비를 하게 됩니다. 가까운 곳은 그런 생각이 없지만, 처음 낯선 곳을 떠나는 것은 '살짝 버거운 목표'와 비슷합니다. 한 번 시도해보고, 경험이 쌓이면 과하게 준비하지 않고 가볍게 떠납니다. 왜 그럴까요? 경험을 했기에 그만큼 필요하지 않고, 그곳에서 해결할 자신만의 방법이 만들어졌기 때문입니다.

그런데 우리가 살아가는 삶에 대한 것은 이렇게 준비하지 않습니다. 그 이유는 이게 일상이라고 생각되고, 또 돈을 많이 버는 게 최고의 삶이라고 말하는 현실이니까요. 이해는 합니다. 그러나 기존 인프라와 동일한 목표를 가지고 시작하는 사람 입장에서 원하는 삶에 도달하기는 어렵습니다.

자신감과 자존감

할 수 있는 목표를 계속해서 성취해 가다 보면 자신감과 자존감이 만들어집니다. 자신감은 내가 무엇인가 성취해 냈다는 결과에서, 자존감은 그 과정에서 나의 존재를 알아갈 때 나타납니다. 자존감이 생기면 굳이 나를 꾸미려고 하지 않습니다. 남이 나를 우습게 보든 우러러보든 개의치 않게 됩니다. **내가 내 존재를 스스로 인식하고 인정하기 때문입니다.**

혹시라도 자만심과 자부심이 생긴다면 과감히 버리세요. 쓸데없는 감정입니다. 남을 의식하지 않고 내가 나한테 집중하는 것이 중요합니다. 남에게 어떻게 보이느냐에 신경 써서는 절대로 자신의 삶을 살 수 없습니다. 다만, 남을 의식하지 않는다고 해서 지저분하거나 더러워도 괜찮다는 것은 아닙니다. 불필요하게 화려할 필요 없이 단정하기만 해도 좋다는 뜻입니다.

세상은 항상 변수로 가득하다

문제집처럼 답을 찾아가는 것이 인생이라면 상대적으로 수

월할 것입니다. 그런데 세상은 항상 변수로 가득합니다. 특히 자기 일을 하다 보면 모든 게 변수로 다가옵니다. 제가 사업을 준비하고 운영하면서 겪은 일을 같이 한 번 보실까요?

1년 가까이 사업계획서, 시장조사, 장소 탐방, 메뉴 개발, 공간설계를 위한 참고 자료 조사 등을 진행했고, "이 정도면 됐다!" 싶었습니다. 다만 예산 범위에서 얻을 만한 장소가 마땅치 않았습니다. 간신히 지금 있는 곳에 자리를 얻어 〈밀라노기사식당〉이라는 브랜드를 다시 설계하고 들어왔습니다. 열심히 준비해서 2020년 8월 5일에 오픈했지만, 코로나19로 모든 사람이 자취를 감춰버렸습니다. 그렇게 아무도 오지 않는 공간에서 보름 만에 맞이한 손님의 빈 그릇을 물끄러미 바라보다 저도 모르게 사진을 찍었습니다.

생각할 겨를이 없었습니다. 처음에는 그냥 혼자 보려고 찍었지만, 사진에 짧은 글을 더해 SNS에 남겼습니다. 그런데 SNS를 본 사람들이 차츰차츰 가게로 찾아왔습니다. 사람들이 모이니까 다양한 이야깃거리가 있어서 그 대화 내용도 올렸습니다. 그렇게 글을 쓰는 능력이 조금씩 늘어나는 시점에 가게를 방문한 손님을 통해 첫 번째 책을 출간하게 되었습니다. 그렇게 책이 출간되면서 강연의뢰가 들어오고, 가게를 운영하면서 다시 두 번째 책을 집필하고 있습니다.

짧게 이야기했지만 2020년 오픈 이후 지금까지 하루도 편하거나 평범한 적이 없었습니다. 하루하루 긴장하고 대응하는데 익숙해져서 편안하게 느껴지는 것일 뿐입니다. 지나온 시기는 아무것도 없어서 힘들었다면, 지금은 하고 싶은 일을 해나가야 하는 힘듦이 있습니다. 그리고 하고 싶은 일이 나를 위해 또는 상대방을 위해서가 아닌 우리를 위해서라는 방향이 있기 때문입니다. 자기 사업을 하는 건 크든 작든 매일 새로운 환경에 놓이는 것입니다. 내가 어떻게 하지 못하는 외부환경에 스트레스를 받는 게 아니라 내가 할 수 있는 일에 집중해야 합니다.

그러려면 나를 잘 아는 게 우선입니다. 그리고 편하게 살겠다는 생각을 버리는 게 삶이 행복해지는 길입니다. 다만, 힘듦이 아무것도 못하고 답답함에서 오는 것이냐, 아니면 **내가 성장해나가는 과정에서 오는 것이냐**의 차이는 분명 있습니다.

복합적 사고, 생각하는 훈련

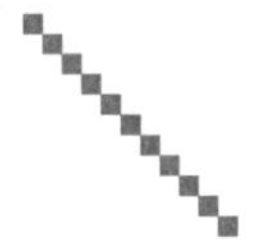

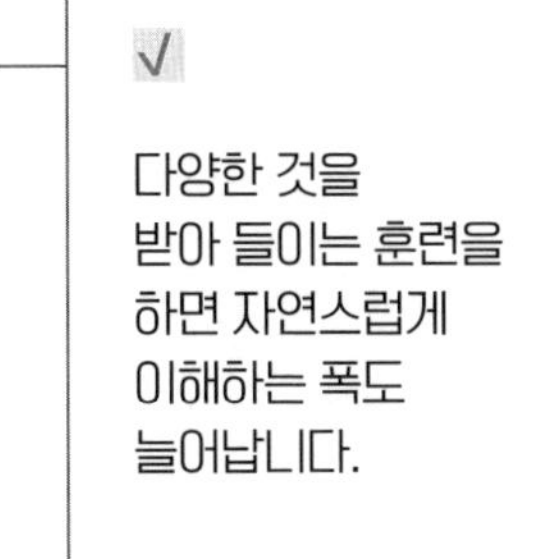

세상에 '왜?'라는 질문 던지기

제가 학생 때 실험을 하고 연구결과를 교수님께 들고 가면 항상 하시던 말씀이 있습니다. "정우 군, 결과가 왜 그렇게 나왔을까요?" 학생 때는 교수님이 말씀하신 것을 수행하는 자체만으로 버거웠습니다. 그런데 매번 지도교수님은 **왜?** 하고 물으십니다. 그렇게 경험하다 보니 실험 결과를 들고 갈 때 생각을 하게 됩니다. 그 결과가 왜 나왔을까? 왜 예상대로 나오지 않았을까? 하면서 말이죠.

그전에는 '시키는 것만 잘하면 되는 것 아닌가?'라고 생각했습니다. 그런데 매번 결과를 들고 갈 때마다 온화한 얼굴로 "왜 그럴까요?"라고 물으십니다. 그러면 어떻게 하겠습니까? 생각하는 흉내라도 내보는 거죠. 교수님은 화를 낼 수 있음에도 항상 인내하시고 물어보십니다.

그래서 생각하는 연습을 했습니다. 처음에는 교수님께 한마디 정도 대답한 게 다였습니다. 나중에는 교수님께 결과를 가져가면 질문하시리라는 것을 알기에 미리 생각을 하고 교수실로 들어갑니다. 그리고 교수님께서 질문하면 "제 생각에는 실험 결과를 토대로 해석해 본 결과 이러이러할 것이라고 사료됩니다. 그 이유는 이것입니다"라고 대답하는 단계까지 발전했습니다. 글이라 짧게 느껴지지만 실제로는 이렇게 되기까지 상당한 시간이 걸렸습니다.

처음으로 교수님에게 "좋아요. 많이 성장했습니다"라는 말씀을 들었습니다. 돌이켜보면 교수님은 제자의 성장을 인내심으로 기다려 주신 것이었습니다. 그렇게 생각하지 않으면 혹독한 사회에 나가서 **스스로 서 있을 수 없다는 것**을 아셨으니까요. 그래서 항상 교수님께서 제자들에게 늘 강조했던 질문이 3가지 있습니다.

1 무엇을 보든, 무엇을 하든 왜? 하고 생각하라.

2 책 1권만 읽은 사람이 되지 마라.

3 대체제가 되지 마라.

저는 이 3가지를 항상 머릿속에 넣고 살았습니다. 학생 때는 솔직히 교수님의 말씀을 이해하기가 어려웠습니다. 정확하게는 따라가기에 버거운 부분이 많았습니다. 그래도 중요하다고 생각한 것은 언제나 가슴에 새기고 있었습니다.

이후로 회사를 다니고 자영업을 하면서 왜? 라는 질문을 계속하게 되었습니다. 그리고 그 질문이 살아가는 데 중요하다는 것을 스스로 깨달았습니다. 그렇지 않으면 세상이 만들어 놓은 틀 속에 편안하게 안주하면서 살다가 냄비 속 개구리처럼 서서히 죽어가는 줄 모르는 상황을 맞이할 것 같았습니다. 그런데 '왜?'라는 질문을 던지면서 세상에 당연하다고 생각했던 것들이 당연하게 느껴지지 않는 순간이 보였습니다. 그렇게 시각이 한번 바뀌고 나니 점차 시야가 넓어지는 것을 느꼈습니다.

지금은 의식하지 않아도 호흡처럼 머릿속으로 연산 작업을 합니다. 생각해야겠다는 의식 없이 자동으로 생각하게 됩니다. 이 훈련이 되면 세상을 바라보는 시각뿐만 아니라 사람을 대할 때도 유용해집니다. 사람들은 이해관계가 없을 때는 다들 상냥하고 친절합니다. 그런데 이해관계에 맞물릴 때는 태도가 바뀝니다. 그럴 때 '왜 저 사람이 나에게 왔는가?'라는 질문을 한번 던져보는 게 좋습니다. 이해관계의 유무 없이 한결같은 사람은 사람으로 좋습니다. 비즈니스 관계에서도 나쁘지 않습니다. 그러나 이해관계에 맞물릴 때 태도가 돌변하는 사람들이 있습니다. 이때 아무 생각 없이 좋은 게 좋은 거니까 하고 따라가다 보면 위태로울 수 있습니다.

1 나를 알아가는 데 도움이 된다.

2 세상을 이해하는 데 도움이 되며, 다르게 보이는 시각이 생긴다.

3 이해관계에 맞물려 지인 또는 모르는 사람이 다가올 때도 한 번쯤 고민하면서 내 삶을 지탱할 수 있다.

책 1권만 읽은 사람이 되지 않기

교수님의 말씀은 여러 가지 생각할 거리를 주었습니다. 책을 1권만 읽은 사람은 그 내용만이 정답이라고 외치고 다닙니다. 상대방의 의견을 듣지도 인정하지도 않고 틀렸다고 단정지으면서 말입니다.

주사위를 보면 육면체에 각각의 숫자가 있습니다. 그런데 제가 '1'이 있는 면체를 정면으로 바라보고 있다면 저는 1만 생각할 겁니다. 그런데 반대편에서 '4'가 있다고 하는데도 듣지 않고 "아니야. 1밖에 없어!"라고 하면 위험한 판단입니다. 자신이 아는 게 전부라고 생각하는 순간 성장은 없습니다. 삶은 그냥 죽을 때까지 배워가면서 살아가는 겁니다. 내가 잘 아는 분야가 있으면 내가 아무것도 모르는 분야도 있습니다. 그렇기에 경청하는 자세가 필요하고, 그게 맞는지 찾아보고 검증하는 자세도 필요합니다. 그렇게 차츰 채워가다 보면 "주사위는 1부터 6까지의 숫자로 이뤄진 육면체구나!"를 아는 사람이 됩니다.

책을 1권만 읽지 말라는 이야기는 자기 생각에 함몰되지 말라는 뜻입니다. 다양한 생각, 다양한 것을 듣고 볼 수 있어야 생각할 수 있는 범위가 확장되기 때문입니다.

내가 속해있는 곳에서 벗어나기

저는 가끔은 제가 속해있는 곳에서 벗어나는 것을 좋아합니다. 항상 그 공간이나 일정한 범위에만 속해 있으면 생각의 범주가 확장되지 않기 때문입니다. 그래서 세상 구경하는 시간을 꼭 가지려고 합니다. 바쁘다 보면 중요하지 않다고 생각하고 흘려보내기 쉬운 일상이니까요. 그런데 우리는 그런 공기와 같은 일상을 3년간 잃어봤습니다. 코로나19라는 질병으로요. 지금은 사람들의 기억 속에서 지워졌습니다. 다시 일상이 우리에게 돌아왔으니까요. 사람은 망각의 동물이라고 합니다. 망각하더라도 정작 중요한 것들을 잊지 않으셨으면 좋겠습니다.

저는 미술관이나 박물관을 종종 다녀옵니다. 무엇을 알고 다니는 것이 아닙니다. 처음에는 그저 가서 스윽하고 훑어봅니다. 그리고 또 찾아가고, 궁금하면 자료를 찾아보기도 합니다. 시간이 지나면서 처음에는 모르던 그림들이 점차 눈에 들어오기도 하고, 익숙해지면 보이지 않던 박물관이나 미술관의 건물 구조도 눈에 들어옵니다. 여러분도 제가 하는 것처럼 지금 속해 있는 곳에서 벗어나는 경험을 해보셨을 것입니다. 바로 '여행'입니다. 잠시 내가 속해있는 공간을 떠나서 다른 공간에서 낯섦을 느끼며 휴식을 취합니다. 그러다 보면 그동안 풀리지 않던 고민의 해답을 얻고 오거나 또는 털고 오게 됩니다.

다양한 경험을 쌓는 것만큼 좋은 것은 없습니다. 시간이 없어서 어디 다닐 수 없다면 책을 통해서, 다닐 수 있다면 그 현장에 가서 잠시 공간을 느껴봅니다.

이해의 폭 넓히기

다양한 책과 다양한 경험은 살아가면서 이해할 수 있는 폭을 넓혀줍니다. 일단 다양하게 읽고, 보고, 경험하는 것이 중요합니다. 그래야 이해할 수 있는 범위를 확장할 수 있습니다. 이해의 범위를 확장한다는 것은 생각하는 범위를 넓혀준다는 뜻입니다. 다양함 없이 성장할 수 있을까요? 다양한 지식과 경험을 바탕으로 내가 앞으로 어떻게 할 것인가에 대한 설계도를 그려가야 하는데, 그렇지 않으면 생각의 범위가 한정됩니다. 다양한 직접 경험과 책을 통한 간접 경험으로 본인을 풍부하게 만들어야 합니다.

하루아침에 빠르게 되지 않을지라도 올바른 방향으로 꾸준히 진행한다면 변화를 인지하기 전에 이미 서서히 변화하는 자기 모습을 발견할 것입니다. 느리지만 그 꾸준함으로 탄탄하게 성장해가는 것을 경험한 저이기에 확실히 말할 수 있습니다.

관찰하고, 생각하고, 예측해 본다

다양한 것을 받아들이는 훈련을 하면 자연스럽게 이해하는 폭도 늘어납니다. 그러다 보면 말을 하기보다는 입을 다물게 되는 경우가 많아집니다. 생각할 인자들이 많기에 “그건 아니야"라고 단정 짓기 어렵기 때문입니다. 자연스럽게 듣게 되고, 말하는 것을 줄이는 현상이 발생합니다. 어떻게 아냐고요? 제가 그렇게 되었습니다. 저는 제가 변해가는 과정에서 직접 느끼고 깨달은 것들을 말씀드립니다. 별거 아니지만 일상을 바라볼 때도 그렇습니다.

다음은 친한 벗과 커피 한잔 하면서 나눴던 대화입니다.

"일상에서 어떤 생각을 많이 해요?"

"음…, 대단한 건 없어요. 예를 들어 전기 모기채로 모기를 잡을 때 어떨 때는 타탁! 소리가 크게 나는데 어떨 때는 소리가 안 날 때가 있어요. 그럼, 왜 그럴까? 생각해 보면 생물체의 수분과 전기체가 반응해서 그렇구나 생각하고, 다리나 날개는 수분 없이 이뤄졌구나 생각하죠. 이런 식으로 세상을 바라봅니다."

무례한 사람이라면 이 친구가 말하는 내용을 듣고 무슨 황당한 소리냐고 할 수도 있습니다. 그런데 다양한 시각을 받아들이게 된다면 그 친구가 바라보는 또다른 시각을 경청하면서 새로운 세상을 하나 더 배우게 됩니다.

한번은 출판사 대표님과 대화를 나누다가 물이라는 물체의 신비로움에 대해서 이야기하게 되었습니다. 저도 식품공학과 출신이고, 출판사 대표님도 식품의 물성에 대한 지식이 해박하십니다. 이야기를 나누는 내내 너무나 즐거웠습니다.

"물이 상온에서 액체라는 게 신기하지 않으세요?"

"맞아요. 같은 분자인데 물에 얼음을 넣으면 위로 둥둥 뜨는 것도 신기하죠? 밀도는 얼음이 더 응축되어 있는데요."

"물이 얼 때 표면부터 어는 것도 신기해요. 그 덕에 수중생물이 겨울을 살 수 있는 거고요. 만약에 아래에서부터 언다면 그러기 쉽지 않았을 겁니다."

먼저 다양한 지식과 경험을 축적하여 이해의 폭을 넓혀보면 더 다양한 이야기가 귀에 들어옵니다. 그냥 듣는 겁니다. 그리고 관찰합니다.

제가 레스토랑을 운영하는 것도 비슷합니다. 손님들이 항상 똑같은 것만 드시는 게 아닙니다. 관찰하다 보면 손님들이 음식을 먹는 패턴이 보입니다. 어떤 때는 간간한 음식이 많이 나가고, 어떤 때는 슴슴한 음식 주문이 많습니다. 그럼 그 손님들의 흐름에 맞춰 신메뉴 개발을 간간하게 한다거나, 슴슴한 음식을 많이 찾을 때는 그런류의 음식을 선보이기도 합니다.

1 관찰을 합니다.

- 손님들이 음식 먹는 패턴이 바뀌었다. (내 기본적인 레시피의 맛이 유지되는 것이 전제.)
- 데이터를 체크한다.
- 비슷한 흐름으로 간다.

2 생각합니다.

- 기본적인 흐름이 간간한 음식에서 슴슴하게 바뀌는가?
- 시장조사를 한다(비교군을 항상 점검한다).

3 예측해서 대응한다.

- 지금 방향은 이렇게 흘러가는구나.

이는 한순간에 만들어지지 않습니다. 꾸준히 몸에서 습관이 되도록 연습하는 수밖에 없습니다.

1 많은 것을 다양하게 접해본다. 꼭 돈을 쓰지 않더라도 경험할 것은 많다. 돈이 없다는 핑계는 대지 않아야 한다. 돈이 없으면 돈이 없는 범위에서 할 수 있는 다양한 경험을 통해서 얻으면 된다.
2 폭 넓게 이해해 보려고 하고, "왜 그럴까?" 생각하는 연습을 한다. 다른 사람의 의견도 경청하고, 생각의 꼬리를 무는 연습도 병행한다.
3 관찰하면서 끊임없이 생각하고, 그에 따른 상황을 예측한다.

물론 예측한다고 모든 것이 예상대로 흘러가지는 않습니다. 다만, 내가 생각지도 못한 일들이 발생했을 때 빠르게 대응할 수 있는 습관이 몸에 배는 겁니다.

집중력, 정신력과 체력의 연동

나는 의지가 약해서 뭘 해도 안 된다?

우리가 삶에서 중요하게 생각해야 할 문제 중 하나는 다른 사람과 비교하지 않는 것입니다. 이 책에서 자기관리의 중요한 부분은 다른 사람과 비교하지 않고 자신을 계속 알아보면서 나한테 맞는 방법을 지속적으로 시도하고, 하나씩 습득함으로써 내 삶을 만들어가는 것입니다.

우리는 보통 집중을 못하면 "의지가 약하다." "정신력이 부족하다"라고 말합니다. 정말 의지가 약하고, 정신력이 부족해서 그러는 걸까요? 저는 이 부분에 대해서 의견이 다릅니다. 처음에 시도할 때는 의지가 크게 발동하지 않습니다. 그저 시작하는 단계이니까요. 그런데 지속적으로 하면서 조금 더 잘하고 싶은 욕심이 생깁니다. 저는 그때 비로소 의지라는 것이 만들어진다고 생각합니다. 그리고 그 의지라는 것이 만들어지는 방법이나 방향은 사람마다 다르다고 생각합니다.

저는 음식을 만들고 손님을 만날 때, 글을 쓰고 독자를 만날 때, 강연을 하고 학생들을 만날 때 계속하고 싶다는 의지가 생깁니다. 그리고 이런 의지가 지속적으로 나의 삶에 채워지면 능동적으로 생각합니다. 그렇게 능동적으로 생각하게 되면 행동도 변화하게 됩니다. 의지가 만들어지기 위해서는 다음과 같은 4단계 의식을 진행해야 합니다.

1 현재 내가 할 수 있는 범위에서 다양한 경험을 한다.

2 그 경험에서 나와 맞는지 맞춰본다.

3 조금 더 잘해보고 싶은 마음이 생긴다.

4 그런 생각이 오래도록 나에게 머문다.

조금은 매몰찰지도 모르지만, 세상을 살아가는데 '누군가 대신해 주겠지'라거나 '조금 편하고 쉽게 살고 싶다'는 생각을 한다면 내 인생을 살아가기 어렵다고 말씀드릴 수 있습니다. 안 하던 것을 하기는 쉽지 않습니다. 그리고 한 단계 올리기도 쉽지 않다는 것을 알고 있습니다. 그런데 힘들다고 그 부분을 넘어가지 않고, 포기해버리면 그만큼 삶이 더 힘들어집니다.

의지는 처음부터 강하게 만들어지지 않습니다. 계속 시도해보고 나와 맞는 방향이 나오면 그때부터 조금씩 쌓여가는 것입니다. 그런데 의지를 강하게 만들어도 일정 부분에 도달하면

'더 이상 하고 싶지 않다'라는 마음이 생길지 모릅니다. 그건 내가 어느 정도 궤도에 도달했거나 혹은 체력이 부족해서 나타나는 현상입니다. 어느 정도 궤도에 도달한 사람은 크게 걱정할 필요 없습니다. 하나의 방법을 터득한 사람은 다른 것도 어떻게 해야 하는지 조금은 쉽게 적용할 수 있습니다.

그런데 체력이 부족한 사람은 이야기가 다릅니다. 더 나아갈 수 있는 방향이 있는데 체력이 부족해서 의지가 꺾이는 경우이기 때문입니다. 아무리 정신력이 강하다고 해도 체력이 받쳐주지 않으면 끝까지 갈 힘이 부족합니다.

체질이 약하면 체력으로 보완한다

저는 작게 태어나고, 어렸을 때부터 생사(生死)를 많이 넘겼습니다. 그러다 보니 체질이 약해서 성격이 예민하고 내향적이었습니다. 체질이 약하니 체력 또한 약할 수밖에 없고, 충분히 할 수 있는 범위인데도 '나는 안 될 거 같은데…'라는 부정적인 생각부터 했습니다. 몸이 약하니 생각도 부정적으로 흘러간 것입니다. 그런데 성장하면서 고민이 찾아왔습니다. '체질은 선천적이라 좋지 않을 수 있지만 보완할 방법은 없을까?' 그래서 내가 할 수 있는 방법부터 찾기 시작했습니다.

그 시작은 걷기였습니다. 처음에는 변화를 못 느낍니다. 그러나 꾸준히 걷다 보니까 기분이 전환되는 것을 몸으로 느꼈습니다. 그렇게 조금 나아지다 보니 달리기를 해보고 싶었습니다. 목표는 운동장 20바퀴로 정했습니다. 처음부터 도달할 거라고 생각하지 않았습니다. 처음엔 5바퀴, 적응되면 10바퀴, 또 적응되면 15바퀴 그렇게 구간을 나눠서 단계별로 목표에 도달하려고 했습니다. 목표에 도달하고 나서는 20바퀴를 도는 시간을 조금씩 단축했습니다. 약한 체질을 체력으로 보완하면서 가시적인 목표에 도달하다보니 나도 할 수 있구나! 하는 생각이 저절로 머릿속에 입력되었습니다. 이처럼 운동이 주는 효과는 상당합니다.

1 가시적인 성과 달성.
2 긍정적인 의식의 전환.
3 체력이 증진되면서 기존의 업무들이 좀 더 수월하며, 여유 에너지가 생긴다.

정신적인 목표는 가시적으로 보이지 않아 지치는 경우가 많습니다. 그렇기에 운동을 병행하면 내가 무력하다거나 성과를 내지 못하는 사람이 아니라는 것을 조금은 인지할 수 있는 효과가 있습니다.

자신에게 맞는 운동을 선택한다

체력을 향상시키는 것은 나의 그릇을 키우는 작업 중 하나입니다. 그릇을 키워야 담길 수 있는 내용물도 많아지는 법입니다. 앞에서 이야기했듯이 작은 성취를 이루고, 체력이 올라가고, 이해의 폭이 넓어지면 집중력도 향상됩니다. 여기서 체력이 부족하다면 더 이상 앞으로 나아갈 여력이 없어집니다. 앞으로 나아간다는 것은 무리하면서 성공하라는 말이 아닙니다. 각자 자기 삶에 맞게 한 걸음씩 내디뎌야 한다는 뜻입니다.

운동도 본인에게 맞는 운동을 선택하는 것이 좋습니다. 자금 여력이 없더라도 체력을 기르는 방법은 많습니다. 산책도 괜찮고 등산도 있습니다. 꼭 돈을 써서 운동을 할 필요는 없습니다. 농구도 있고, 축구도 있고, 배드민턴도 있습니다. 시작할 때부터 풀옵션으로 장착하지 않더라도 할 수 있는 운동은 많습니다. 하다 보니 맞고, 괜찮다 싶은 운동이 생길 때 자신에게 맞는 장비를 사면 됩니다.

저는 산책을 특히 좋아합니다. 걸으면서 생각을 정리할 수 있어서 답답하면 1시간이고 3시간이고 무작정 걷습니다. 그리고 근력 운동도 합니다. 아무래도 가게 운영과 강연, 글을 쓰려면 체력이 필요하기에 근력 운동이 꼭 필요합니다. 젊을 때는 보여주고 싶은 마음에 했다면 지금은 살기 위해 합니다. 그리고 등산을 합니다. 등산하다 보면 생각이 정리되는 동시에 근력 운동까지 할 수 있습니다. 오르막과 내리막, 평지를 걸으면서 하체 근육을 많이 씁니다.

어릴 때는 몰랐습니다. 운동이 중요하다고 하지만 하기 싫은 마음이 컸습니다. 그런데 30살이 넘으면서 운동을 안 하면 체력이 저하되는 것을 피부로 느꼈습니다. 그래서 의식적으로 하체운동을 강화하려고 노력합니다. 하체 운동은 우리 몸의 뿌리와 같은 역할을 합니다. 뿌리가 튼튼해야 나무도 성장하듯 우리 몸도 건강하게 유지됩니다.

그런데 일상에 지쳐서 운동하기 싫을 때도 있습니다. 지치면 하고 싶은 의욕이 생기기 어렵습니다. 그래도 그냥 지나쳐서는 안 됩니다. 저도 지칠 때는 가볍게 하거나 아니면 차라리 씻으러 헬스장에 갑니다. 하기 싫다고 넘겨버리면 헬스장에 가거나 운동하는 습관이 사라질지 모른다는 생각이 들기 때문입니다. 그래서 샤워만 하거나 기구만 쳐다보고 나오더라도 무조건 갑니다. 몸이 의식하지 않아도 가도록 습관을 만듭니다.

체력이 증진되면 집중력도 향상한다

집중하는 것도 연습이 필요합니다. 집중해본 적이 없으면 어떻게 집중해야 하는지 방법을 알지 못합니다. 저는 집중을 독서와 운동으로 시작했습니다. 20살 이전에는 책을 읽지 않았습니다. 책을 읽으면 가슴이 답답하고, 꽉 막히는 것 같았습니다. 집중은커녕 활자 자체가 눈에 들어오지 않았습니다.

그런데 아이러니하게도 집중력을 높이는데 독서만 한 것이 없습니다. 처음에 시작할 때는 만만한 책을 선택합니다. 책이 상대적으로 얇기 때문에 쉽게 완독이 가능합니다. 처음부터 두꺼운 책을 선택한다면 아마 계속 책을 읽지 않을 겁니다.

처음부터 내용이 눈에 들어오지는 않을 것입니다. 그럴 때는 그냥 읽습니다. 내용이 머리에 들어오지 않더라도 그냥 읽는 겁니다. 첫 번째 목표는 앉은 자리에서 끝까지 읽는 것입니다. 책이 머리에 들어오지 않더라도 끝까지 했다는 성취를 얻을 수 있습니다. 매일 이렇게 정해진 시간을 두고 연습하다 보면 활자가 눈에 들어옵니다. 그리고 어느 순간에 그 얇은 내용의 책이 익숙하게 됩니다.

이때 다음 단계로 도전해 보길 권합니다. 상대적으로 두껍고 내용에서 뭔가 얻을 수 있는 책으로 넘어갑니다. 여기서 의욕에 앞서 갑자기 학문적이거나 심오한 책으로 단계를 뛰어넘으면 안 됩니다. 그러면 의욕에 앞서 의식 수준이 따라가지 못해 책을 덮고 포기하고 맙니다. 그래서 순차적 단계를 거쳐서 독서해야 합니다. 그렇게 하다 보면 어느 순간 400~500페이지 되는 두꺼운 책이나 전문용어가 많은 서적도 읽을 수 있게 됩니다. 한번에 다 읽지 못하더라도 또는 이해가 안 되더라도 그냥 끝까지 마무리한다는 생각으로 하면 됩니다.

1 독서는 리스크가 없다.

2 언제 어디서든 나한테 맞춰서 지식을 습득할 수 있다.

3 돈이 없더라도 방대한 경험과 지식을 간접적으로 체득할 수 있다.

4 독서 도중 난도가 올라가면 집중력과 사고력을 증진할 수 있다.

5 정보는 영상으로 얻지만, 독서는 사유의 시간을 만들어 복합적인 사고능력을 만들어 준다.

그런데 이렇게 지력(知力)을 쌓으려고 집중력을 높이는 기반에도 체력이 필요합니다. 체력이 없으면 집중력이 흐트러지고, 독서를 통한 지력을 쌓기 어렵습니다. 어느 하나가 따로따로

되는 것이 아니라 유기적으로 연결되어 있는 것입니다.

몰입: 집중하는 연습의 결과

처음부터 두각을 나타내는 사람은 없습니다. 저 또한 뛰어난 재능이 있어서 두각을 나타냈다는 생각을 해본 적이 없습니다. 그래서 남들과 다른 꾸준한 노력을 했습니다. 이런 노력이 엄청 특별하거나 대단하지는 않습니다. 그저 이런 사항들을 몸에 익숙하게 훈련했습니다. 하다가 안 되면 다시 하고, 하다가 안 되면 그냥 넘기고, 때로는 결과물이 어설프더라도 끝내 마침표를 찍었습니다. 자주 실패하기도 합니다. 항상 성공한다고 생각하지 않습니다. 그럼 인간 자체가 오만해지거든요. 그리고 삶이 그렇게 호락호락하지 않습니다. 내가 할 수 있는 건 예측하려고 노력하는 것이고, 세상은 언제나 예상대로 흘러가지 않습니다.

그런데 이러한 일들을 반복적으로 꾸준하게 계속하다 보면 어느 순간 억지로 몰입하려고 하지 않아도 의식 없이 순간적으로 몰입됩니다. 그래서 저는 몸에서 흡수할 수 있는 시간을 두고 꾸준히 노력하는 것을 권합니다. 아무것도 없이 시작하는 입장에서 '어떻게 하면 남들보다 빨리 갈까?'라는 생각보다는 **'어떻게 하면 제대로 내 속도와 방향을 찾아서 점차적으로 성장하는 삶을 살까?'**에 초점을 맞춰서 걸었으면 합니다.

쉼표,
올바른 판단의 여유

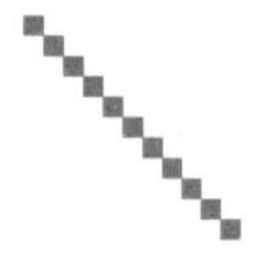

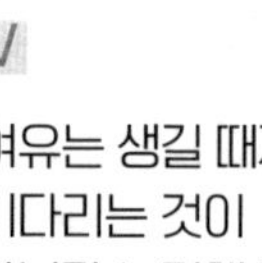

여유는 생길 때까지
기다리는 것이
아니라 노력해서
만드는 것입니다.

'빨리, 많이'가 아니라 '천천히, 제대로'

사람은 대부분 하겠다는 의욕에 앞서서 앞만 보고 달립니다. 저도 그렇습니다. 단거리 경주에서는 가능합니다. 보이는 가시 범위에 목표가 있으니까요. 하지만 삶은 단거리 경주가 아니라 눈을 감을 때까지 계속해서 걷거나 뛰면서 가야 하는 길입니다. 체력이 조금 더 있을 때는 뛸 수 있고, 체력이 한계라면 걷기도 해야 합니다. 그런데 걷는 것도 지칠 때면 어떡해야 할까요? 잠시 쉬면서 체력을 보충하고 생각할 시간도 만들어야 합니다.

그래서 휴식은 중요합니다. 쉬지 않고, 방법이 맞지 않는데 점검 없이 열심히만 하다 보면 노력한 것이 허공에 뿌려지게 됩니다. 쉰다는 것은 '멈춘다'는 뜻이 아닙니다. 뛰고 걸으면서 '어떻게 하면 지금보다 효율적으로 조금 더 멀리 갈 수 있을까?'라는 생각을 하려면 앞에서 해본 경험을 바탕으로 생각하면서 쉬는 것이 필요합니다. 그래야 그다음으로 성장하는 길이 보이니까요.

군대에서 몸을 탄탄하게 만들어 본 적이 있습니다. 그런데 이런 방법은 젊어서 가능했다는 것을 요즘 운동을 배우면서 깨닫고 있습니다. 그때는 너무나 젊었죠. 에너지도 풍부했습니다. 2년은 군대에 갇혀 지내는 것이니 일과가 끝나면 할 수 있는 건 운동과 독서 정도였습니다. 운동법은 잘 모르지만 자체적인 에너지가 있으니까 매일매일 열심히 했습니다.

그런데 사회에 나와서 다시 하려니까 쉽게 되지 않습니다. 왜 그럴까? 이유를 생각해 보니 신경 쓸 일이 늘어난 겁니다. 군대에서야 별다른 신경을 쓰지 않았고, 외부와 연결되는 것도 거의 없었으니까요. (20년 전 이야기니 지금의 환경과는 많이 다를 겁니다.) 그런데 사회에 나오니 먹고살기 위해서 공부도 해야 하고, 자기 계발도 해야 하고, 친구도 만나야 하는 등 여러 가지 변수가 많았습니다. 그렇게 절대적인 시간이 부족하니 운동량이 줄어들고 제대로 되지 않았습니다. 그러다 보니 점차 흥미가 떨어졌지만, 그래도 포기하지 않고 계속 다녔습니다. 그냥 가서 샤워만 하고 오더라도 말이죠.

그리고 지금은 아침 7시 반에 딱 1시간~1시간 반 정도만 운동하는데도 몸이 변해가는 것을 느낍니다. 몸을 어떻게 써야 할지 전문적인 트레이너 선생님이 알려주시니 불필요한 에너지 낭비가 없습니다. 그리고 더 쓸 수 있는 에너지도 없습니다. 젊을 때는 내 몸이 무리한다는 생각 없이 절대적인 양이 투입되었지만, 나이를 먹으면서 그 방식으로는 어렵다는 것을 깨달았습니다. 조금 더 빨리, 많이 하면 된다는 생각이 틀렸다는 것을 배우는 시간이었습니다. 지금 나의 몸 상태에 맞게 천천히 제대로 순차적으로 만드는 것이 효율적이라는 사실도 알게 되었습니다.

이렇게 하루에 1시간 운동하고, 나머지 23시간은 몸을 쉬게 합니다. 그렇게 몸을 쉬게 하는 동안 머리를 운동합니다. 글을 쓰거나, 책을 읽습니다. 몸이 일할 때는 머리를 쉬게 하고, 머리를 사용할 때는 몸을 쉬게 합니다. 이 방법은 제가 어릴 때부터 부족한 것을 채우려고 습득한 방법이기도 합니다. 하루 종일 머리를 쓰거나 몸을 쓰게 하면 지치지만, 번갈아 사용하고 쉬게 하면 쉬는 동안 생각도 정리되고, 그다음 방향을 잡아갈 수 있습니다.

성장에는 쉼표가 중요하다

성장에는 쉼표가 중요합니다. 꾸준히 하다 보면 어느 순간 그 방면에 숙달돼서 시간이 단축되고, 시간이 쌓이면서 어느 정도 결실을 보기도 합니다. 그러면 사람들은 그 방식만 고집하면서 "이게 성공하는 방법이야!"라고 외치고 다닙니다. 그런데 사회는 계속해서 변하기에 자신이 성공했던 방법도 환경에 맞춰서 다시 해석해 볼 시간이 필요합니다. 그렇지 않고 패턴

반복을 하다가 변한 환경과 맞지 않으면 와해하고 맙니다.

그래서 성장에는 쉼표가 필요합니다. 쉬면서 전에 경험했던 것을 복기(復棋)하는 시간이 필요합니다. 안 되는 부분은 점검하고, 변한 환경에 맞출 수 있는지 인지해야 합니다.

- 앞에서 어떤 걸 했을 때 잘못되었지?
- 왜 이 부분에서 막혔지?
- 이 문제를 풀려면 어떻게 해야 할까?
- 지금까지 했던 방법보다 더 효율적으로 할 방법은 없을까?
- 지금까지 해왔던 방법이 현재에도 적용할 수 있는 것인가?

쉬는 시간이 없다면 생각할 수 있는 시간도 없습니다. 그저 그동안 해오던 방식을 고수하면서 운이 좋으면 그대로 갈 수 있지만, 그렇지 않으면 어느 순간 삐끗할 수 있습니다. 환경은 매일매일 바뀌기 때문입니다. 근간은 바뀌지 않았지만, 환경에 대응하는 것은 언제나 민감하게 반응해야 합니다.

그런데 삶에 쉬는 시간이 없고, 먹고살기 바쁘다는 핑계로 생각하는 것 자체를 회피하거나 시간에 쫓기면 시야가 좁아집니다. 경험이 부족하고 시야가 좁아지는 순간, 인생에 위기가 찾아오고 바로 무너지게 될 수도 있습니다.

여유는 생기는 게 아니라 만드는 것

여유는 언제 생기는 걸까요? 돈이 많아지면 생길까요? 그건 아니라고 자신 있게 말할 수 있습니다. 여유를 만드는 훈련이 안 되어 있으면 그 상황이 닥치더라도 '다음에 여유 있을 때'로 미룰 겁니다. 한 번도 여유라는 것을 만드는 법을 생각해 본 적 없기 때문입니다.

저는 우리나라의 여백의 미를 좋아합니다. 왜냐하면 여백의 미는 항상 채울 수 있는 '여유 공간'이 있기 때문입니다. 그와 같이 저는 저의 삶에도 언제나 채울 수 있는 여유 공간을 만들려고 노력했습니다. 매사에 100%로 하다 보면 다른 게 나에게 왔을 때 이미 다 채워졌기에 아무 것도 할 수 없습니다. 그래서 무엇인가 할 때는 100%, 200%로 순간 집중하지만, 언제나 새로운 일이 채워질 수 있도록 30%의 여유 공간을 만들어 놓습니다. 의식적으로 훈련을 통해서 말이죠. 그래야 내 몸도 상하지 않고, 하다가 멈추지 않고, 한 걸음 한 걸음씩 성장해 나갈 수 있습니다.

보통 저절로 모든 것이 생긴다고 생각하지만 여유, 생각하는 힘, 체력, 자산, 성취, 역할, 자기통제 등 많은 것들이 노력을 통해 만들어집니다. 다들 '알아서 되겠지'라고 생각하는 것은 무책임하고, 생각하기 싫어 현실을 도피하는 것입니다. 자기 삶을 살아가면서 어떻게든 될 거라는 생각 자체가 이상하지 않습니까? 자기 삶은 자기가 만들어가는 것인데, 세상이 왜 해줄 거라고 생각하는 걸까요? **세상은 스스로 여러분이 서 있을 때**

사회에 필요한 사람이라 여기면, 그때부터 '도움'이라는 이름으로 자리를 만들어 줍니다.

판단함에 있어서도 여유가 필요하다

여유를 만드는 훈련이 습관되면 좋습니다. 저는 작은 레스토랑을 경영하지만 사업 제안이 많이 들어옵니다. 이때 만약 경험이 없거나 여유가 없다면 상대적으로 좋은 조건의 제안이 들어오면 솔깃하게 마련입니다. 판단도 하지 않고 급하게 일을 진행하게 됩니다. 게다가 보이는 게 화려하면 왠지 믿게 됩니다. 또한 인지도가 높은 사람까지 있다면 더 확신하죠. 그런데 여유가 있다면, 한걸음 물러서서 전체를 바라보게 됩니다.

- 지금 나에게 적절한가?
- 제안에 '내'가 있는가? 아니면 '상대방'만 있는가?
- 최악의 경우, 내가 진행한 만큼 없어진다고 해도 내 삶이 휘청이지 않는가?

그렇기에 '여유'를 만드는 것은 중요합니다. 여유는 계속해서 생각하고, 점검하는 시간을 갖게 하기 때문입니다. 여유를 갖는다는 것은 나태하거나 안주하라는 뜻이 아닙니다.

잠은 잘 수 있을 때 '충분히'

우리나라는 유독 잠을 많이 자는 것을 죄악시합니다. 그런데 잠은 충분히 자야 합니다. 그래야 몸이 그 시간에 '회복'하면서 컨디션을 유지해 줍니다. 하루 종일 잠만 자는 것도 좋지 않지만 충분한 시간을 자야 깨어있을 때 훨씬 수월하게 일할 수 있습니다. 사람마다 수면시간은 다르지만, 자신의 컨디션이 좋은 시간을 찾아서 충분히 수면을 취하길 바랍니다. 저는 밤 11시에서 아침 7시까지 수면을 취하면 하루 컨디션이 좋습니다. 그런데 밤 12시를 넘어서 자면 아무리 많이 자도 어딘가 불편함을 느낍니다.

충분히 잠을 자고 깨어있을 때 허비하는 시간을 보내지 않으면 됩니다. 깨어있는 시간에 하루를 온전히 보내지 못하고, 불필요하게 잠을 줄여서 "나는 적게 자면서 열심히 살았어"라고 스스로 위안하고 있지는 않으신가요? 눈을 떠서 잠을 청하는 시간까지 사람마다 다르기에 그 깨어있는 시간에 어떻게 하루를 보낼 것인가에 대한 구체적인 계획들이 세워지고, 마무리하는 연습을 하셔야 합니다.

자금관리의 4가지 바이블

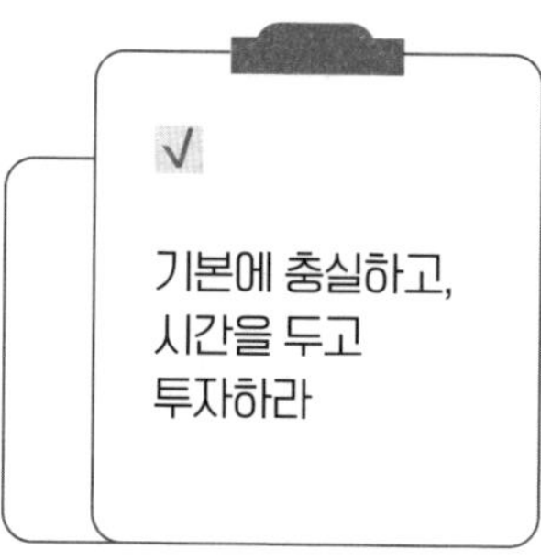

저는 세상에 스스로 자립하겠다는 생각을 하면서부터 '경제적인 부분'에 있어서 특히 많은 고민을 했습니다. 물질적으로 풍부했다면 이런 고민을 일찍부터 하지 않았을 겁니다. 그런데 물질적인 부분뿐만 아니라 모든 부분에서 열악하니 살기 위해서 고민했습니다. 이 챕터에 나오는 4가지 사항은 제가 20살부터 꾸준히 몸에 익히며 실행했던 방식입니다. 그게 습관이 되니 시간이 흐름에 따라 삶이 조금은 윤택해졌으며, 더 이상 쫓기듯 살지 않아도 되는 상황이 만들어졌습니다.

첫 번째는 지출 습관입니다. 벌 수 있는 기술이나 자금이 부족할 때 왜 이렇게 사고 싶은 건 많은 걸까요? 저도 돈은 없는데, 정말 저 물건이 나에게 필요한가를 생각하기보다는 그냥 '가지고 싶다'라는 생각만 머릿속에 가득했습니다. 그래서 '꼭 사야 하는가?'라는 질문을 스스로에게 계속 던졌습니다.

남들에게 자랑할 만한 것 또는 남들도 있으니 나도 있어야 한다는 생각을 머릿속에서 지웠습니다. 그리고 나에게 계속해서 질문했습니다. '꼭 필요한 것인가?' 그렇게 10번 정도 자문(自問)하다 보면 자답(自答)을 얻게 됩니다. 습관이 되면 지출하는 비중이 많이 줄어듭니다. 기본적인 소비를 적게 하는 것은 중요합니다. 자기 인생을 사는데 굳이 남들에게 과시할 필요는 없으니까요. 기본적인 지출관리가 중요한 이유는 우리가 살아가는 동안 예기치 않은 일들이 무수히 벌어지기 때문입니다. 그럴 때 축적된 비용으로 긴급하게 수혈할 수 있어야 합니다. 그런데 지출 관리가 되어 있지 않다면 출발점부터 위태롭습니다. 대출받고, 빚지고 갚지 못하면 내 삶을 내가 원하는 방향으로 이끌어 가지 못하게 됩니다.

두 번째는 모으는 습관입니다. 돈이 있을 때나 없을 때나 지출이 늘어나지 않게 유지하고 있다면 수익이 늘어나는 만큼 돈이 모일 겁니다. 지출이 늘어나지 않았는데도 모이지 않는다면 남은 자금은 분명히 어디론가 새는 것입니다. 여러분의 자금은 여러분이 관리하셔야 합니다.

세 번째는 투자하는 습관입니다. 투자에 대한 전략 전술은 저도 잘 모릅니다. 다만, 저는 적은 돈으로 시간을 두고 투자하는 방법을 선택했습니다. 전문 투자가도 아니고, 회사에 다니기 전에는 돈과 시간이 모두 빠듯했습니다. 회사에 다니면서부터 돈은 벌지만 시간이 없었습니다. 그렇기 때문에 투자에

관한 공부를 하고, 제일 쉽지만 사람들이 제일 하지 않는 방법으로 투자를 했습니다. 그것은 특별한 노하우가 있는 게 아닙니다.

그저 기본에 충실하고, 시간을 두고 투자하는 것입니다.

처음에는 100만 원 정도를 공부라고 생각하고 관련 서적을 구매해서 읽었습니다. 그렇게 용어들을 배우고, 차트 보는 법을 익혔습니다. 공부하지 않고 시작하는 것은 투자가 아닌 요행이니까요. 그리고 잃을 수도 있다고 생각했기에 내가 모은 돈에서 없어도 되는 만큼만 했습니다. 이렇게 투자하는 것은 50세 이후의 나를 위해서 분할해 둔 것입니다.

1년에 1,000만 원을 모아서 700만 원은 안정적인 자산으로 넣어두고, 300만 원은 투자합니다. 그렇게 다음 해 또 1,000만 원에서 700만 원은 모아두고, 300만 원은 투자합니다. 1~2년은 티가 안 나지만, 10년, 20년, 30년이 되면 윤곽이 나타납니다.

적어도 안전자산으로 곳간을 채워두니 급할 이유가 없고, 미래를 위해서도 어느 정도 대비해가고 있으니 쫓길 이유가 없습니다. 그리고 지출도 늘리지 않은 상태이니, 소득이 늘어나면 이 습관대로 흘러가게 되어 현재의 나를 살면서 미래의 나를 준비할 수 있는 상황을 만들게 됩니다.

네 번째는 버는 습관입니다. 소득으로만 나의 현재와 미래를 위해서 비축하려고 하면 많은 에너지가 노동력으로 들어가고, 그러다 보면 번아웃이 오고 맙니다. 그렇게 되면 지금까지 했던 것들을 다시 처음부터 시작하는 것이기에 항상 수학 문제집 앞쪽만 풀다 마는 것과 비슷한 상황이 벌어집니다.

처음부터 많이 벌거나 돈을 많이 주는 회사에 들어가는 것을 목표로 하지 않았으면 합니다. 어찌 되었든 기업은 돈을 주는 만큼 그 이상의 일을 시키는 것이 목표니까요. 돈을 주는 만큼 일을 시키면 그나마 좋은 회사입니다. 소득은 자신의 경험이 쌓이고, 역량이 쌓이면 벌 수 있는 방법들이 다양해집니다. 굳이 무리해서까지 억지로 벌 필요는 없습니다.

대단하지 않아도 누구나 가능한 시도

지금까지 제가 한 이야기는 누구나 시도해 볼 수 있는 방법입니다. 흙수저에서 시작해서 성공했다, 그러니 여러분도 나처럼 될 수 있다는 이야기는 어느새 공식화되어 버린 것 같습니다. 솔직히 이제 듣기 지겹습니다. 중요한 건 우리가 살아갈 수 있는 현실적인 방법이 있는지입니다.

앞의 순서로 자금관리를 하면, 지출하는 습관이 몸에 배어 자연스럽게 저소비하게 됩니다. 저는 억지로 지출을 줄이려고 하지 않습니다. 그런데 나이를 먹으면서도 제가 사용하는 비용은 그렇게 많지 않습니다. 복장은 깔끔하면 되고, 두발은 단정하면 됩니다. 취미 생활은 개인마다 다르겠지만 저는 독서, 등산, 산책입니다. 제가 지출하는 비용은 음식 공부하는 비용과 사람을 만나는 비용 정도입니다. 기본적으로 저소비하지만 필요할 때는 충분한 지출을 합니다. 다만, 이 비용도 월별로 정해진 비용 범위에서 사용합니다. 있는 그대로의 나를 봐주는 사람들을 곁에 두면 됩니다.

지출이 크지 않으니 소득이 생기면 자연스럽게 모았습니다. 그렇게 자금을 모으면서 공부를 했고, 조금씩 투자를 시작했습니다. 투자도 한 방을 노리고 하지 않았습니다. 천천히 만들어 가자는 생각으로 했습니다. 그렇게 30년을 투자하다 보면 대단한 사람이 아니더라도 어느 정도 자산 형성의 윤곽이 나옵니다. 지출은 낮은 상태로 유지하고, 수익은 늘어나니 예비금과 투자금으로 분할해서 나의 현재와 미래에 나눠서 사용합니다.

젊을 때 다하고 싶은 마음

젊을 때 다하고 싶은 마음은 압니다. 저도 그랬으니까요. 그런데 그렇게 하다 보면 저도 모르게 무리해야 하고, 결국엔 쫓기듯 내가 가야 할 방향을 잃어버립니다. 우리가 시작하는 조건들을 들여다보면 혼자서 시작해야 하는 경우가 대부분입니다. 이런 상황에서 갑자기 일확천금을 끌어내기는 쉽지 않습니다. 젊을 때 다하고 싶은 것은 상대적으로 그때는 가진 게 없기에 오히려 더 가지고 싶은 마음이 크기 때문입니다. 그러나 자금 습관을 제대로 들이면 막상 가질 수 있는 여력이 되었을 때 불필요하게 생각될 것입니다.

위의 4가지 습관을 몸에 길들이기는 생각 이상으로 쉽지 않습니다. 그런데 내 삶을 차곡차곡 잘 만들어갈 수 있고, 타인에게 휘둘리지 않는 방법이라면 조금은 힘들어도 습관을 들여볼 만하지 않을까요? 한 번에 다 하려는 욕심을 내려놓고, 순차적으로 만들어 갈 방향을 보셨으면 좋겠습니다.

※ 참고: 대출은 여러분이 편해지고자 하는 것이 아닙니다. 되도록 대출은 하지 마시고, 대출이 꼭 필요할 때는 상환 가능 범위를 정해놓고 가능 범위가 측정되는 만큼만 하시는 게 좋습니다. 소모성 대출(명품, 자동차 구입)과 카드 할부는 좋은 습관이 아닙니다.

소모성 대출은 결국엔 나의 삶을 더 윤택하게 해주기보다는 대출금을 갚기 위해 나의 삶을 더 피폐하게 하는 경우가 많습니다. 그리고 카드 할부를 매달 하다 보면 기억 속에서 잊힙니다. 그렇게 누적될 경우, 소득보다 카드값으로 더 나가는 경우가 발생할 수도 있습니다.

그래서 저는 현금, 체크카드를 주로 사용합니다. 그리고 카드는 하나로 통일해서 일시불 결제로 합니다. 개인 생활에서의 습관이 자기 사업을 할 때도 똑같이 적용됩니다. 그러니 이러한 습관이 여러분에게 숨을 쉬는 것 같이 익숙해지게 하셔야 합니다.

PART 4

언젠가 시작할 자신의 일, 체계적인 준비와 끊임없는 대응

'대박'보다 필요한 위험요소 줄이기

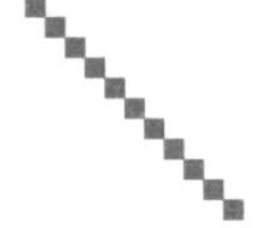

"할 수 있다!"는 외침은 최선을 다해 준비해서 무대에 들어섰을 때 스스로에게 외치는 주문입니다.

머리가 아프면 실행하기 싫어진다

우리는 찰나의 순간에 아이디어가 번쩍하고 머리에 떠오릅니다. 그리고 그대로 진행하면 될 것 같은 기분을 느끼게 됩니다. 마치, 쇼윈도에 잘 진열된 상품에 순간적으로 매혹되어 사고 싶다는 충동을 느끼는 것과 비슷한 감정입니다. 그렇게 충동적으로 상품을 구매하고 집에 와서 다시 보면 정신이 퍼뜩 듭니다. '이게 나한테 진짜 필요한 건가? 아닌 거 같은데…'라는 생각이 듭니다. 그러면 귀찮아서 그냥 사용하거나, 조금 번거롭지만 다시 매장에 방문해 환불할 수 있습니다.

상품은 이렇게 할 수 있습니다. 하지만 자기 사업은 다른 이야기입니다. 무작정 시작해보고 안 되면 환불할 수 있는 게 아닙니다. 수익성은 당연한 고려 대상이지만, 돈만 보고 뛰어들기에도 사업은 위험합니다. 모든 일이 예상대로 되면 좋겠지만, 현실은 예상외의 변수가 많이 작용합니다. "나도 할 수 있겠는데?" 하며 머릿속에 생각난 아이디어를 점검 없이 급하게 진행한다면 자칫 삶 자체가 위태로울 수 있습니다.

창업은 다각도로 생각할 필요가 있습니다. 왜냐하면 물건은 샀다가 마음에 안 든다고 해도 우리의 삶을 흔드는 범위는 아닙니다. 그런데 사업은 아무리 작게 하더라도 큰 예산이 필요합니다. 그래서 느낌대로 시작했다가 안 되면 우리의 삶은 피폐해집니다.

그렇기에 머리가 아프더라도 머릿속에 있던 생각을 시각화하여 표현하는 연습이 필요합니다. 말은 거창한 것 같지만, 누구에게 보여주는 것이 아닌 스스로 점검하고 타당한지를 일차적으로 검토하는 연습입니다. 보통 머릿속에 있는 것을 언어 또는 글로 표현하기가 쉽지 않습니다. 그런데 이를 시각적으로 표현하는 연습을 해야 합니다. 그래야 자신의 사업 구상을 단계별로 성장시킬 수 있습니다.

자신에게 익숙한 도구를 사용하라

사람마다 자신에게 친숙하고 익숙한 도구들이 있습니다. 저한테 맞는 방식을 여러분에게 강요할 수는 없습니다. 우리의 생김새와 환경이 다르듯이 각자에게 맞는 도구를 찾아 적용할 수 있어야 합니다.

여기서 중요한 건 내가 수시로 자주 접하는가에 초점을 맞추는 것입니다. 자주 사용하지 않는 도구는 번거롭기 때문에 시작조차 망설여집니다. 그러다 보면 자연스럽게 "에잇, 귀찮아. 그만 하고 접자!" 또는 "시간 낭비야, 빨리 시작하는 게 중요해!"라면서 단계를 건너뛰게 됩니다. 그래서 자신이 자주 접하는 도구를 사용하시는 게 좋습니다.

저 역시도 그렇습니다. 저는 아날로그 스타일입니다. 그래서 종이와 펜을 항상 몸에 지니고 다닙니다. 기록하는 습관이 있어서 그렇습니다. 펜으로 종이에 기록할 때, 생각이 정리되곤 합니다. 그리고 자주 들춰보니 문제점, 보완점을 고민하게 됩니다. 이렇게 일차적으로 정리가 된 것을 PPT에 이차적으로 정리합니다. 사실 저는 어렸을 때부터 컴퓨터가 쉽지 않았습니다. 환경이 바뀌고 그 환경에 적응해야 하기에 어느 정도 배운 것뿐입니다. 저에게 익숙한 종이와 펜 그리고 발표를 많이 하다 보니 PPT가 익숙해져 주로 활용하고 있습니다.

관심도의 빈도

우리가 처음에 들떠서 생각했던 창업 아이디어라면 끊임없이 보완하고 기록할 것입니다. 하지만 만약 여러분이 그저 충동적인 느낌으로 생각한 아이디어라면 추가적인 내용 없이 진행이 더딜 것입니다. 아이디어는 사람마다 무궁무진하게 있습니다. 그러나 그 아이디어가 실현되기 위해서는 수익구조, 현실 가능성, 대중성, 특이성, 아이덴티티 등 복합적인 인자들이 수반되어야 합니다. 그래서 머릿속으로 잠시 '대박'이라는 생각을 했다 해도 다시 현실로 돌아온 순간 잊어버리게 됩니다. 그런데 정말 하고 싶은 아이디어라면 귀찮거나 어렵더라도 자신이 기록한 것을 계속해서 들여다보고, 추가적으로 자료를 조사해서 점점 다듬어 갑니다. 뜬구름 잡는 상태에서 가능성을 만들어 가는 단계로 바뀌는 것입니다.

사업계획서를 반드시 작성하는 이유

사업계획서를 작성하는 이유는 3가지입니다.

1. 충동적인 생각으로 인생이 무너지는 것을 방지한다

충동적인 느낌만으로 시작해서 수습할 수 없게 된 것을 시각적으로 표현하려고 노력함으로써 삶의 위태로움을 미연에 방지할 수 있습니다. 그냥 일을 벌였다면 수습할 수 없습니다. 누가 도와주지 않을까 생각하겠지만, 세상은 그렇게 의미 없는 도움을 주지 않습니다. 안쓰럽고 불쌍하다고 해도 마찬가지입니다. 무조건적인 도움은 성인이 되기 전 부모님 밑에서나 가능한 이야기입니다. 시각화 작업을 함으로써 종이 한 장과 내가 잠시 고민한 시간으로 내 삶을 잃지 않을 수 있습니다.

2. 정말 하고 싶은 것인지 점검하는 수단이다

내가 정말 하고 싶은지 점검하는 시간을 만들 수 있습니다. 되고 싶다가 아니라 진심으로 하고 싶다는 생각이 든다면 계속해서 자료를 추가하고 찾아보며, 가능성이 있는 방향으로 고민하고 만들어가게 됩니다. 그런 본인의 모습을 보면서 스스로 "내가 정말 하고 싶구나!" 하는 판단을 내리게 됩니다.

3. 구체적인 방향성이 설정된다

앞으로 어떻게 해야 하는지 구체적인 방향성이 만들어집니다. 머릿속에 뒤섞여있던 것들을 하나씩 항목별로 분류해서 정리하는 연습을 하다 보면 어느 부분이 부족하고 무엇을 검토해야 하는지 정확히 점검하게 됩니다. 그러면서 어디로 가야 하는지 방향성이 조금씩 설정됩니다.

저는 사업계획서 초안을 잡는 데만 3개월이 걸렸습니다. 그 사이에 100번도 넘는 수정이 있었습니다. 그럼에도 완벽했냐고 하면 아니라고 답하겠습니다. 사람이 하는 일은 완벽할 수도 없고, 완벽하려고 하다 보면 시작조차 할 수 없습니다. 그렇다고 무모하게 해버리면 위험합니다. 여러분이 사업계획서를 작성하면서 스스로에게 물어야 할 사항은 다음과 같습니다.

1 내가 정말 하고 싶은 일인가?

2 가능 확률을 높임으로써 현실적으로 실현할 수 있는지 점검.

3 시도를 했을 때, 내 삶이 위태롭지는 않은가?

이름	수정한 날짜	유형	크기
레시피	2020-05-02 오후 3:45	파일 폴더	
사진	2020-01-04 오전 9:14	파일 폴더	
Butler 사업계획서 1차 수정안(2020.02.02.)	2020-02-02 오후 2:36	Microsoft PowerPoin...	2,717KB
Butler 사업계획서 2차 수정안(2020.02.09.)	2020-02-09 오전 5:27	Microsoft PowerPoin...	2,774KB
Butler 사업계획서 3차 수정안(2020.02.10.)	2020-02-13 오전 3:37	Microsoft PowerPoin...	2,779KB
Butler 사업계획서 4차 수정안(2020.02.13.)	2020-02-13 오전 4:03	Microsoft PowerPoin...	2,785KB
Butler 사업계획서 5차 수정안(2020.02.17.)	2020-03-14 오후 2:07	Microsoft PowerPoin...	2,953KB
Butler 사업계획서 6차 수정안(2020.03.18.)	2020-03-18 오후 2:15	Microsoft PowerPoin...	2,978KB
Butler 사업계획서 7차 수정안(2020.03.22.)	2020-03-27 오전 7:00	Microsoft PowerPoin...	2,746KB
Butler 사업계획서 8차 수정안(2020.03.27.)	2020-03-27 오전 8:34	Microsoft PowerPoin...	2,743KB
Butler 사업계획서 9차 수정안(2020.03.27.)	2020-03-27 오전 8:51	Microsoft PowerPoin...	2,749KB
Butler 사업계획서 10차 수정안(2020.03.27.)	2020-03-27 오전 9:04	Microsoft PowerPoin...	2,745KB
Butler 사업계획서	2020-01-07 오전 11:45	Microsoft PowerPoin...	3,104KB
관능품질 경쟁력 검사 설문지	2020-05-15 오후 3:02	Microsoft Excel 97-2...	55KB
밀라노기사식당 외관표시 PPT	2021-03-23 오후 5:39	Microsoft PowerPoin...	51KB
입지선정 및 장소 비교	2020-04-03 오전 2:00	Microsoft Excel 워크...	1,025KB
파스타 제품 평가 설문지	2020-05-13 오후 3:54	Microsoft Excel 97-2...	55KB

예시: 자료를 수정할 때는 누적해서 추가적인 자료를 만들어야 한다.

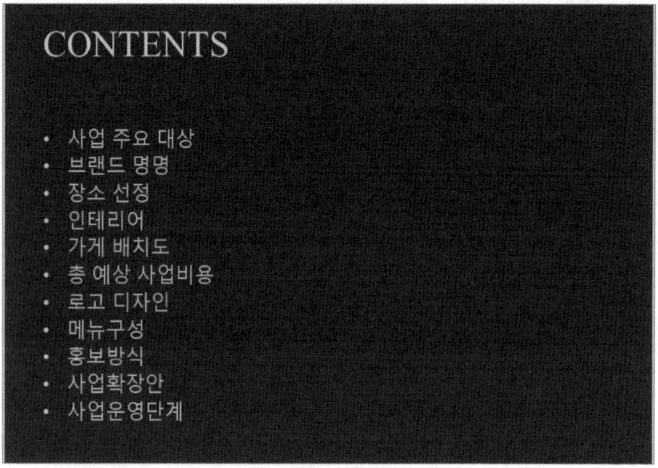

CONTENTS

- 사업 주요 대상
- 브랜드 명명
- 장소 선정
- 인테리어
- 가게 배치도
- 총 예상 사업비용
- 로고 디자인
- 메뉴구성
- 홍보방식
- 사업확장안
- 사업운영단계

예시: 맨 앞쪽에 목차가 있는 것이 중요하다. 추가적인 자료를 항목에 맞추기 때문이다.

다양한 각도에서 객관적으로 바라보기

내가 준비한 것을 브리핑하고 들을 준비가 되었을 때 비로소 대화가 시작됩니다.

지적받을 용기, 시작할 준비가 되었다는 것

우리는 모든 사람에게 '칭찬'과 '인정'을 받길 원합니다. 당연합니다. 그런데 이제 막 준비하는 사람에게 칭찬이 좋은 쪽으로만 작용할까요? 제대로 못하는데도 의미 없이 건네는 칭찬은 불필요한 행위입니다. 그러면 인정은 이제 시작한 사람이 받을 수 있을까요? 인정은 스스로 무엇인가 해냈을 때 받는 것입니다. 그러므로 인정받는 것은 절대적인 시간이 필요하고, 결과물이 나타나야 합니다.

그런데 우리는 막상 시작할 때 자기 생각만으로 "이 정도면 됐어!" 하고 시작합니다. 사업계획서를 작성하라는 이유는 정말 하고 싶은지 스스로에게 시간을 두고 물어보기 위함입니다. 그 훈련도 최소 3~6개월이 걸립니다. 그렇게 시간을 두고 계속 보라는 것은 완벽해지라는 이야기가 아닙니다. 완벽하려는 생각은 버리세요. 그러다 보면 시작조차 못하게 됩니다.

자기 생각만으로 사업을 시작하면 99% 망할 확률이 높습니다. 경험이 없다면 더더욱 그렇습니다. 그렇기에 자기 생각에만 함몰되지 말고 최대한 다양한 의견을 들어야 합니다. 그리고 그 전에 기본적인 자기 소신을 만들고 이야기를 들어야 합니다. 그래야 어떤 의견을 듣고, 어떤 의견을 버릴지 구분할 수 있습니다.

사업계획서를 작성하고 다듬어 갈 때 조금은 자기 중심을 만들려고 노력하세요. 저는 〈밀라노기사식당〉의 사업계획서를 작성하고 사람들에게 보여줄 때 이렇게 중심을 잡았습니다.

1 1인 운영체제.

2 10평 이내.

3 이탈리아 음식 중심.

처음부터 세부적으로 만들기는 쉽지 않습니다. 엉성하고 어설프지만 변경하지 않을 3가지 중심 항목을 잡고, 지적받을 용기를 냈습니다. 성장은 지적받고, 수렴해서 다시 한 단계씩 다듬어 가는 단계에서 만들어 집니다. 그런데 "나는 완벽해!"라는 거만한 자기 과신이라든가, "내가 부족한데 어떻게 보여줘?"라는 자격지심은 제자리에 계속 머물러 있게 합니다.

부족하기에 다른 사람의 의견을 듣고 채워 넣는 것입니다.

완전하다면 누구한테 보여줄 필요가 없으니까요. 그런데 누구에게 물어볼지도 고민이 됩니다. "괜히 나의 아이디어를 뺏기지는 않을까? 그리고 주변에 전문가도 없는데 어떡하지?"

처음부터 주변에 전문가가 있는 사람은 없습니다. 있다면 좋지만 대부분은 그러기 쉽지 않습니다. 그럴 때는 가까이에 있는 사람들을 놓치지 마세요. 다만 전제 조건이 있습니다. "어떻게 질문을 할 것인가?" "어떤 태도로 할 것인가?"입니다.

가까이 있는 사람을 놓치지 마세요

"가까운 사이에는 물어보는 게 아니다"라고 하는 기성의 답은 반은 맞고 반은 틀립니다. 모르는 사람에게 다가가서 질문한다고 제대로 된 대답을 해줄까요? 모르는 사람이 왜 그런 마음을 써야 할까요? 자기 살기 바쁜 세상인데 말이죠. 그리고 굳이 도와준다고 지적했다가 욕먹을 필요 없으니 좋은 말만 해줄 가능성이 높습니다.

가까이 있는 사람은 나를 잘 알고 있습니다. 내가 인지하지 못하는 부분을 조금 떨어져서 볼 수 있는 사람들입니다. 가족은 제외입니다. 가족은 객관적이지 않습니다. 특히, 부모님과 자식 관계에서는요. 그럼 저는 어떻게 했을까요? 대략 100명 정도의 지인을 찾아다니면서 물어봤습니다. 그중 몇 개만 예로 설명해 드리겠습니다.

1 자주 가는 카페 사장님

우연히 지나다 들린 카페였습니다. 커피 맛이 저의 성향에 맞아서 종종 찾아가 인사를 나누게 되었습니다. 그러다 제가 사업을 준비하면서 조심스럽게 여쭤봤습니다. 단, 영업에 방해가 되면 안 되기에 한가한 시간에 여쭤보려고 노력했습니다. 제가 하는 사업을 직접 해보시지는 않았지만, 자영업이라는 길을 먼저 걸어봤기에 도움이 되는 말씀을 해주셨습니다. 역시 경험에서 나오는 지혜는 무시할 수 없는 부분입니다.

2 먼저 사업을 시작한 동기

마찬가지로 사업의 방향은 다르지만, 먼저 사업을 시작했기에 조금은 양해를 구하고 찾아가 물어봤습니다. 동기는 사업자의 시각보다는 소비자의 시각에서 이야기를 해줬습니다. 자신과 동일한 사업 방향이 아니다 보니 최대한 저에게 도움이 되는 이야기를 해주고 싶었던 것입니다.

3 아이를 돌보는 전업주부 친구

"아이 엄마인 친구가 무슨 의미가 있을까?"라고 생각하실 수도 있습니다만, 저에게는 매우 중요한 자문가였습니다. 왜냐하면 30~40대 여성을 사업 주요 고객으로 설정했기 때문입니다. 그리고 아이를 낳고 집에 있어서 그렇지, 능력이 없는 게 아니니까요. 회사에 다닐 때는 능력을 사용하고 있었지만, 가정이 있어서 잠시 사회적으로 인정받지 못할 뿐입니다. 주요 소비층 입장에서 꼭 필요한 이야기를 해줍니다.

30대 이상의 여성은 저에게 중요한 지표였습니다. 사람들은 많은 사람들이 다 구매해 줬으면 하지만 모두를 만족시키겠다는 생각은 아무도 내 손님으로 만들지 않겠다는 것과 같습니다. 30대 이상의 여성을 중심고객으로 한 이유는 기본적으로 소득이 있고, 어느 정도 경험이 쌓여 있으며, 새로운 것을 받아들이는 포용력, 교감과 공감이 있기 때문입니니다. 물론, 모두가 그렇다는 것은 아닙니다. 다만 평균적으로 그렇고 시장조사를 하면서 제 방향성이 정확하다고 생각했습니다.

4 연구실 선배

연구실 선배에게 자문을 구해 연구원의 시각을 한 번 들어봤습니다. 선배는 연구원이기에 분석과 시장조사를 많이 해왔습니다. 그렇기에 완전히 대칭은 되지 않지만, 경험에서 나오는 전문적인 시각의 조언을 들을 수 있었습니다.

모든 사람에게 정답을 구하려는 게 아닙니다. 다양한 의견을 듣고, 그 의견을 수렴해서 어떻게 나아가야 할지 스스로 방법을 알아내려고 물어보러 다니는 것입니다. 그런데 사람들은 물어볼 때 누군가 정답을 알려줄 거라는 착각을 합니다. 살아가는 것은 매일 새로운 평가를 받는 것인데 누가 어떻게 정답을 내릴 수 있겠습니까? 그저 물어보러 다니면서 내가 보지 못했던 부분을 짚어주는 것만으로도 감사해야 합니다. 그들의 시간을 나에게 할애해 줬기 때문입니다.

물어볼 때의 태도

그렇다면 사업에 대한 조언을 들을 때 어떤 태도를 취해야 할까요? 보통은 쑥스러우니까 장난식으로 편하게 분위기를 이끌어 가려고 할 것입니다. 하지만 절대 그렇게 해서는 안 됩니다. 지금은 놀러온 것이 아니라 그들의 바쁜 시간을 빌려서 자문을 구하러 온 것이니까요. 그럴 때는 자세를 낮추고 진지하게 임하는 마음이 필요합니다. 공짜는 없습니다. 여유가 없어서 자문료를 주지 못한다면 식삿값이라도 지불하는 것이 예의입니다.

그리고 존댓말로 해야 합니다. 마치 기업 임원들에게 사업 보고를 한다는 생각으로요. "에이~, 우리 사이에 쑥스러운데 그냥 편하게 할게." 이런 태도로 다가선다면 지인들에게도 여러분에게도 도움이 되지 않습니다. 사업을 한다는 것은 '그냥 해볼까?'라는 단순한 생각으로 할 수 있는 게 아니기 때문입니다. '진지한 건 나랑 맞지 않아!' 또는 '오글거리게 어떻게 그렇게 해'라는 생각은 자신을 망치는 길입니다. 자기의 삶이니까 진지해져야 합니다. 누가 대신 살아주는 게 아니니까요.

입은 다물고, 귀는 열어둔다

누군가에게 물어볼 때는 하고 싶은 말이 많아도 참아야 합니다. 칭찬을 들으러 간 것이 아니라 지적을 받고 고치기 위한 것이니까요. 대부분의 사람은 누군가 자기 계획을 지적하면 자기도 모르게 방어적으로 말을 하려고 합니다. 이건 저도 똑같습니다. 그래서 의식적으로 입을 굳게 다물고 있습니다. 일단 입은 다물고, 상대방이 의견을 말하면 계속 적어둡니다.

단, 이때 잘 되었으면 하고 의견을 내는 것인지 "너가 뭘 하겠어?"라고 비아냥대는 태도인지는 확실히 분간해야 합니다. 전자의 경우에는 지속적으로 물어보면서 관계를 잃지 않으려고 노력해야 합니다. 후자의 경우에는 점차 관계를 멀리하시는 게 좋습니다. 오래 알고 지냈다고 해도 여러분의 삶에 전혀 도움 되지 않는 관계니까요.

주변에 물어볼 사람이 많다면 좋습니다. 의견을 그만큼 많이 모을 수 있으니까요. 나한테 좋은 이야기를 해줄 사람에게 물어보려고 하지 마세요. 상대방도 내 생각을 지적하기가 쉽지만은 않을 것입니다. 일부러 나서서 도움(지적하는 의견)을 주면서 비난 받고 싶은 사람은 없으니까요.

많은 의견을 들었다면 모아서 하나로 쭉 작성해 봅니다. 그렇게 작성하고 나면 공통 분모가 나옵니다. 사람들은 각양각색인데 공통적으로 이야기하는 부분들이 반드시 있습니다. 그런 부분을 무조건 체크해서 뽑아놓습니다. 그리고 각자 자기 입장에서 이야기한 세부적인 내용들은 버리지 말고 일단 부수적인 의견으로 분류해 둡니다.

그리고 차분히 나에게 대입해서 봅니다. 내가 현재 가지고 있는 자본, 인프라, 사업 방향에 중심을 두고 공통 분모로 취합된 의견을 대입해 봅니다. 그 의견들이 내가 감당되는 방향인지 계속해서 생각을 맞춰봅니다. 전부 받아들일 수는 없습니다. 다양한 의견을 들려줬지만 감당되는지 안 되는지는 사업을 진행하는 본인의 판단이 제일 중요하니까요.

여유가 있다면 각자 다양하게 낸 의견을 내 사업에 적용이 가능한지도 검토해 보는 것이 좋습니다. 이 단계도 시간이 많이 소요됩니다. 이렇게 다듬어가는 과정이 필요합니다. 성장하는데 빨리, 급격하게는 없습니다. 정상적으로 성장하려면 시간이 걸립니다. 이렇게 반복하는 과정 속에서 스스로 어떻게 해야 하는지 방향성을 잡을 수 있습니다.

시각화 시뮬레이션, 시장조사

우리의 삶이 운이 좋아서 잘되거나 운이 나쁘다고 안 되게 하면 곤란합니다. 힘들고 어려워도 스스로 걸어갈 수 있도록 훈련이 되어 있어야 합니다.

시장조사를 하는 이유

사업계획서는 일차적으로 나를 점검하는 시간입니다. 주변의 의견을 듣는 것은 타인의 시각을 빌려 객관적으로 사업을 바라보는 관점을 익히기 위한 것입니다. 단계를 하나씩 넘어올 때마다 힘들다는 것을 느끼고, 포기하고 싶다는 생각을 하게 됩니다. 당연합니다. 머릿속으로는 끝이 보인다고 생각하지만, 이건 끝이 없는 일이거든요. 자기 사업은 내 인생을 스스로가 선택해서 이끌어가는 것입니다. 끝없이 계속해서 새로운 난관에 봉착하게 됩니다.

그래서 시장조사는 필수입니다. 시장조사는 앞서 나온 사업들을 시각적으로 받아들이는 단계이기 때문입니다. 시장조사를 하기 전에는 머릿속에 있던 것들을 어떻게 조합해야 할지 가늠하기 힘듭니다. 그렇기에 '대충 이렇게 하면 되겠지?'라는 안일한 생각으로 사업을 시작하는 것은 위험합니다.

내가 도전하는 사업이 대중적으로 반응이 있다면 이미 시장에 보편적으로 통용되고 있을 것입니다. 그런데 자료조사를 하지 않고, 머릿속으로만 '이거 대박인걸?', '이거 돈 많이 벌겠는데?' 하며 마치 자기 생각대로 세상이 돌아갈 것처럼 착각하며 좁은 시야에 사로잡힙니다. 하지만 자료 수집을 하다 보면 내 생각이 틀리거나 생각이 좁았다는 것을 깨닫습니다. 시장조사를 하면서 주관적인 생각에 거리를 두고, 나의 아이템을 객관적으로 바라보는 훈련을 해야 합니다.

시장조사는 시간을 두고 자료를 수집한다

시장조사는 시간을 충분히 가지고 진행해야 합니다. 급하게 서두르다가는 놓치는 부분이 많기 때문입니다. 급하게 서두르는 마음을 어느 정도는 이해합니다. 지금 당장 할 것이 없거나 수입이 없다면 마음이 조급해지기 때문입니다. 하지만 조급한 마음에 급하게 서두른다고 일이 잘되는 것은 아닙니다. 일이라는 것은 순차적으로 만들어 가야 합니다. 건물을 지을 때 급하다고 기초공사를 하지 않고 대충 건물을 올린다면 어떻게 될까요? 겉은 멀쩡해 보이지만 조금만 위기가 와도 순식간에 무너질 수 있습니다.

자료 수집도 6개월 이상 준비합니다. 처음에는 다양하게 많이 보는 것이 중요합니다. 예전에 저의 은사님 중 한 분께서

'꽈배기 효과'에 대한 이야기를 들려주셨습니다.

어느 농부가 시장에 나갔는데 배가 출출했습니다. 그런데 마침 옆에 꽈배기를 판매하는 상인을 보고, "그 꽈배기 먹으면 배불러요?"라고 물었습니다. 상인은 "그럼요, 배부르죠!"하고 대답했고, 농부는 꽈배기를 하나 달라고 했습니다.

그런데 꽈배기를 먹어도 배가 부르지 않자 농부는 "상인이 거짓말을 했군!" 하고 투덜거리며 걸었습니다. 얼마 후, 이번에는 찐빵을 파는 상인을 발견했습니다. 아직 출출하니 찐빵을 더 사 먹어야겠다는 생각으로 "그 찐빵 먹으면 배불러요?" 하고 물으니 상인이 "그럼요, 배부르죠!" 라고 대답했습니다. 이번에도 찐빵을 사 먹은 농부는 진짜로 배가 불러오는 것을 느끼고 "이 상인은 거짓말을 하지 않는군!" 하고 생각했습니다.

그런데 사실 두 상인은 모두 거짓말을 하지 않았습니다. 만약 농부가 꽈배기를 먼저 먹지 않았다면 찐빵을 먹었을 때도 배가 부른 것을 느끼지 못했을 것입니다. 결국 그전에 배를 채웠기에 포만감이 생긴 것입니다. 여기서 '꽈배기를 먹은 것 = 많이 보는 것'입니다.

그래서 모를 때는 많이 봐두는 것이라도 해야 합니다. 그렇게 어느 정도 축적되면 정답이 보이기 시작합니다. 그래서 시간을 가지고 계속해서 꾸준히 조사해야 하는 것입니다. **어제와 오늘, 같은 것을 보더라도 다른 관점으로 볼 수 있기 때문입니다.**

'돈'을 아끼지 말아야 할 부분

이건 외식업뿐만 아닙니다. 모든 분야에서 필요합니다. 삶에서 조차도요. 저도 자금이 없었지만, 한 달에 500만 원 가까이 투자하면서 다양한 음식점을 시장조사 했습니다. 최대한 다른 것은 돈을 아꼈지만, 사업 준비를 할 때는 아끼면 안 되는 일이 있습니다. 그렇다고 빚을 내서 무리하게 지출하라는 것은 아닙니다. 내가 할 수 있는 범위에서 다른 부분을 아끼고 집중할 부분에 투자하라는 뜻입니다. 저도 아르바이트를 하고, 비용을 충당하면서 그 범위 안에서 준비했습니다.

"나중에 많이 벌어서 갚으면 되지!" 하는 마음으로 은행 돈을 쉽게 빌려서 사업할 생각은 하지 마세요. 분명히 말하지만 사업과 생업은 작든 크든 자기가 이끌어가는 겁니다. 쉽고 편하려고 하거나 대충 안일하게 생각한다면 차라리 시작할 생각을 접으시길 권합니다.

그만큼 지금 우리가 살아가는 시기는 쉽지 않고, 그렇다고 회사원으로 평생 살 수 없기에 스스로 살아갈 수 있는 방편을 만들어가는 것입니다. 자신의 삶인데 그렇게 안일하면 안 되는 겁니다. 세상은 그렇게 너그럽지 않으니까요. 위로는 열심히 달리는 사람이 지쳤을 때 하는 것이지만, 저는 여러분이 살아내길 바라기에 격려하겠습니다.

체크리스트 작성하기

저는 수첩을 가지고 다니기를 좋아합니다. 펜으로 수첩에 기록할 때 머리가 잘 돌아가는 기분이 들기 때문입니다. 그렇다고 여러분이 이 방법을 꼭 따라하실 필요는 없습니다. 여러분이 편한 도구를 사용하시면 됩니다. 다만, 그 도구는 내가 자주 접하는 것이어야 합니다. 그래야 언제든 다시 펼쳐보게 되니까요. 시장조사를 하다 보면 어떤 것을 체크해야 하는지 막막할 수 있습니다.

처음에는 그저 느낀 것을 적어봅니다. 한 단어로 적어도 좋습니다. 참고로 이 책에서 대부분의 예시는 제가 사업을 진행하면서 겪은 것들을 바탕으로 했습니다. 외식업으로 예를 들었지만, 어떤 사업이든 적용은 비슷합니다.

처음 매장 방문해서 본 것과 느낀 점

- ☐ 테이블 개수 몇 개?
- ☐ 분위기는? 1980년 미국 감성.
- ☐ 인원은 몇 명 ?

이렇게 보게 됩니다. 경험이 없으니 보이는 것이 많지 않습니다. 그런데 많은 매장을 둘러보고 어느 정도 시각이 트이면

- ☐ 메인 컬러와 서브 컬러는?
- ☐ 주요 고객층은?
- ☐ 전반적은 매장 분위기는? (분위기와 인테리어는 약간 상이합니다.)
- ☐ 테이블 개수는?

☐ 상시 직원은 몇 명인가?

☐ 주방과 홀에 인원 배치가 어떻게 되는가?

☐ 주방 동선은?

☐ 홀 동선은?

☐ 메뉴판 구성은?

☐ 식기 세팅은?

☐ 음식이 나오는 시간은?

☐ 예상 회전율과 매출은?

☐ 화장실은?

☐ 음식 플레이팅은?

☐ 구성 대비 가격은?

이런 식으로 항목들이 쌓여갑니다. 이렇게 쌓여가는 항목과 수집된 자료를 바탕으로 나의 브랜드를 어떻게 구성할 것인가를 고민하면서 매칭하는 것입니다.

☐ 나는 몇 명을 고용할 수 있는가?

☐ 총비용과 예비 자금은 충당 가능한가?

☐ 매장의 크기는 어느 정도로 생각하는가?

☐ 메인컬러와 서브컬러는 어떻게 할 것인가?

☐ 동선을 어떻게 구성할 것인가?

나의 브랜드에 매칭할 때는 이렇게 나에게 어떻게 적용할지 생각하게 됩니다. 그래서 시장조사를 하면서 자료 수집을 하는 단계는 매우 중요합니다. 이미 증명된 자료들을 보면서 나를 반추해 보는 것이기 때문입니다. 그리고 한 가지만 보는 게 아니라 다양한 자료를 수집해서 분석하다 보면 공통적인 요소를 발견하고, 개별적인 특징도 발견할 수 있습니다. 그렇게 분류 작업을 하면서 나에게 필요한 부분들을 발췌하여 시각적으로 만드는 시간이 시장 조사입니다.

시작하는 환경은 누구나 열악하다, 그럼에도 불구하고

개인은 현실을
직시하는
실용주의여야 합니다.
그리고 그 안에
자신의 이상을 조금씩
담아야 합니다.

좋은 입지와 자기 자본력

"사업을 하려면 기본적으로 좋은 입지 그리고 충분한 자기 자본이 있어야 한다." 맞는 말입니다. 하지만 나에게 좋은 입지는 남에게도 좋게 보입니다. 자본은 어떨까요? 충분한 자기자본을 모아서 시작하면 좋겠지만, 열심히 노력해도 여력이 안 되면 어떡할까요? 좋은 입지에 들어가려면 그만큼 자본이 있어야 합니다. 나이가 상대적으로 어린 사람이라면 부모님의 도움을 받거나 대출이 필수인데, 신용등급이 높지 않아 그마저 쉽지 않습니다. 은퇴하거나 직장을 그만 두고 시작하는 사람은 퇴직금을 전부 쏟아붓고 성공을 기대합니다. 하지만 실패하면 가정까지 위태로워지는 경우가 많습니다. 결국 자영업을 하기 원하는 대부분의 사람이 열악한 환경에서 시작하는 것입니다.

넘어져도 다시, 나의 예산 범위 안에서 시작!

저자본으로 출발하면 당연히 좋지 않은 입지에서 시작할 수 밖에 없습니다. 그런데 우리는 처음부터 다 갖추고 시작하려 합니다. 마치 운동을 한 번도 해보지 않고, 자기한테 맞는지 안 맞는지 판단하지 않은 채 풀장비를 사는 것처럼 말입니다.

기성의 방식이 꼭 정답은 아닙니다. 시대적으로 맞아왔던 것은 사실이지만, 지금도 적용 가능한지는 의문입니다. 예산은 내가 가지고 있거나 혹은 2년 안에 회수 가능한 범위가 바람직합니다. 사업의 목표는 초기 안착과 성장이 맞지만, 나의 예상대로 흘러간다고 볼 수 없습니다. 막연하게 뜬구름 잡는 '대박'은 노리지 않아야 합니다. 우리는 도박이나 게임을 하는 게 아닙니다. 내 인생을 살아가고 싶다면 항상 신중해야 합니다.

성공을 꿈꾸는 것은 좋지만 타당성과 현실적인 상황을 충분히 반영해서 실패했을 때 내 삶을 다시 시작할 수 있는지를 꼭 생각하셔야 합니다. 따라서 처음에는 공부한다는 생각으로 시작하는 게 좋습니다. 그렇게 시장 반응을 보면서 경험치를 쌓아가는 것이 바람직합니다.

시작하는 우리는 항상 열악하다는 것을 잊지 말자

처음 시작할 때는 모든 것이 열악한 환경입니다. 모든 것이 갖춰진 상태에서 시작하는 사람은 그만큼 국면을 타개할 방법을 고민하지 않습니다. 그들은 '역경'이 없기 때문입니다. 성장은 역경이 있을 때 가능합니다. 평온하거나 편안한 상태일 때는 절대로 그런 생각이 들지 않습니다. 여러분이 겪었던 상황에서 한 번 돌아보고 생각해 보시기 바랍니다.

보통 해결해야 할 문제가 눈앞에 발생해야 '어떻게 이 문제를 풀지?'라고 고민하지 않나요? 문제가 없으면 생각 자체를 하지 않습니다. 실제로 사업은 크든 작든 예측 불가의 영역입니다. 가설을 설계하고 예상결과를 도출하지만, 언제나 예상을 빗나가는 게 99%입니다. 절대 내가 마음먹은 방향으로 흘러가지 않습니다. 그럼에도 불구하고 목표 수립, 방향 설정, 단계별 계획을 세워야 하는 것은 상황에 따른 여러 가지 대응이 몸에 익숙해야 하기 때문입니다. 환경이 열악하지 않고, 의지할 곳이 있다면 이런 고민조차 하지 않습니다. 힘들다고 부모님에게 의지하거나 주변 사람에게 도움부터 구하려고 한다면 세상을 더 살기 힘들 것입니다.

앞으로의 세상은 점점 더 어렵고 힘들어질 것입니다. 여러분이 자기 삶을 살려고 한다면 이 꽉 물고, 스스로 헤쳐 나가려고 노력하세요. 살아갈 때 혼자서 스스로 시작하려는 목적의식을 머릿속에 인지하셨으면 좋겠습니다.

예산을 잘 분배하는 것이 가장 중요하다

자금이 얼마나 있느냐는 당연히 중요하지만, 그보다 더 중요한 것은 예산을 어떻게 분배하느냐입니다. 예를 들어보겠습니다.

예산 7,000만 원(자기자본 2,000만 원)

- 보증금: 1,000~1,500만 원
- 권리금: 1,000만 원 이하
- 예비비: 1,000만 원
- 인테리어 및 기자재 전부 포함 비용: 3,500~4,000만 원

예비비 항목은 필수적이다

상황이 어떻게 돌아갈지는 아무도 모르기 때문에 예비비가 항상 필요합니다. 외부 환경은 제어할 수 있는 영역이 아니기 때문입니다. 예산을 편성할 때 여유 자본 없이 100% 다 사용한다면 다시 대출을 해야 하고, 그 대출을 갚지 못하면 제2 금융, 제3 금융으로 넘어가면서 신용도가 급락하고, 그때부터 높은 이자율 때문에 최악의 경우 내 삶이 살아있는 지옥이 되는 경우가 많습니다.

따라서 예비비는 되도록 전체 예산에서 15~20%는 가지고 있어야 합니다. 더 많이 가지고 시작하면 할수록 좋습니다. 마치 곳간에 식량을 잔뜩 비축해 놓고 조금씩 사용하는 것과 비슷하다고 생각하시면 됩니다.

권리금은 보상 심리가 발생하지 않는 범위

보통 권리금이 많아도 장소가 좋으면 '내가 나갈 때 다시 받을 수 있겠지?'라고 생각하는 경우가 많습니다. 그런데 지금 시대는 그렇게 들어갔다가는 다시 돌려받고 나오기 어려운 환

경이라는 사실을 알아야 합니다.

권리금을 많이 주고 들어가면 보통은 '내가 여기를 어떻게 얻어서 들어왔는데!'라는 생각에 무리해서 버티는 경우가 많습니다. 다시 말해 지금 상황을 객관적이고 정확하게 보려고 하지 않고, 주관적이고 감정적으로 하려는 경우가 많아 보상심리가 발생하는 것입니다. 그런데 코로나19를 지나고 경기침체 국면과 경제인구가 거시적으로 줄어드는 상태에서 본인들이 준 만큼 받고 나가는 경우는 흔치 않습니다. 그러니 이 정도까지는 없어도 된다는 범위 내에서 들어가는 것이 좋습니다.

인테리어 및 기자재 비용

기자재를 구매할 때 보통은 남들이 알아주는 브랜드 기계 또는 비싸고 멋진 것들을 먼저 생각하게 됩니다. 사실 기자재는 비싼 만큼 값을 합니다. 인테리어도 비싼 만큼 좋게 나오죠. 그런데 그렇게 하면 손익분기점에서 점점 멀어질 수밖에 없습니다. 우리는 재벌이나 대기업 또는 팀으로 움직이는 사람들을 보고, 개인도 그렇게 가능할 거라는 착각을 하고는 합니다. 또는 그렇게 될 거라고 생각하고 "미래를 위한 투자야!" 하며 자기 위안을 합니다.

분명히 말씀드리지만, 개인사업자는 실용주의여야 합니다.

내가 어떻게 하겠다는 그림은 그리되, 그 그림을 완벽하게 구현하려고 무리해서는 안 됩니다. 내가 그리고 싶은 그림에 최대한 맞추되 현실에 타협해서 진행해야 합니다. 그렇게 첫 사업이 잘 되면 두 번째 사업에서는 내가 그리고 싶었던 것을 한층 업그레이드해도 괜찮습니다.

처음부터 완벽하게 하겠다는 욕심은 버리세요. 그것 자체가 거만하고 오만한 마음입니다. 처음에는 할 수 있는 범위에서 최선을 다하는 것입니다. 그리고 예산이 생기면 조금씩 다듬어 가거나 추가하면 됩니다.

대출을 하게 된다면, 2년 안에 원리금이 상환되도록

저도 레스토랑을 준비하면서 대출을 받았습니다. 다만, 반드시 필요한 범위만큼만 받고 원리금을 같이 상환하는 방식으로 했습니다. 보통은 원금이 부담스러워 이자만 갚는 것을 선택하지만, 원금과 이자를 같이 갚아가는 것이 좋습니다.

가장 큰 이유는 심리적인 부담감을 낮출 수 있기 때문입니다. 예전 세대 사람들이 “사업은 내 돈이 아니라 남의 돈으로 하는 거야”라는 소리를 했는데, 정말 잘못된 생각이 아닌가 싶습니다. 무조건 자기자본이 있어야 하고, 부족할 때 내가 상환할 수 있는 범위의 금액 또는 내 자본이 많다면 자본의 50% 한도 내에서 대출을 받아서 확장하는 방향으로 진행해야 합니다. 전자는 내가 상환할 수 있는 범위여야 언제든 다시 일어설 수 있고, 후자는 자기자본력이 있기에 그 자본의 50% 정도를 대출하면 어떻게든 충당이 가능하기 때문입니다. 그런데 제대로 된 방향이 아닌 어설픈 지식으로 사업은 남의 돈으로 하는 것이라고 말하는 사람들 때문에 경험 없는 이들이 힘들어진다고 생각합니다.

대출은 최대한 적게 받고, 받더라도 2~4년 사이에 빠르게 상환하는 방향으로 설계하세요. 그리고 원리금 상환을 다 했다면 그 시점부터 그만큼의 금액을 계속해서 모으는 방법을 강하게 추천드립니다.

최악의 경우에도 버틸 수 있는 수익구조

최대한 줄여야 하는 것, 고정비

최대한 줄여야 하는 비용에는 고정비가 있습니다. 레버리지를 하고 미래에 투자하라는 말이 많지만 저는 반대입니다. 레버리지는 자산을 충분히 축적해서 자산 대비 비율로 하는 것이고, 현재를 먼저 제대로 쌓아가는 게 미래에 대한 투자라고 생각합니다.

좋은 장소에서 시작하거나 사람들에게 많이 노출하려면 고정 지출이 높아집니다. 규모가 있는 사업체라면 필요할지 모르지만 이제 시작하거나 작게 시작하는 입장에서는 고정 지출을 최소화하는 것이 중요합니다. 처음 시작할 때 고정 지출이 적어야 다양하고 많은 것을 부담 없이 실험해 볼 수 있습니다.

준비는 철저히 해야 하지만 현실은 모든 것이 예상 밖으로 돌아간다는 사실을 인지하고 시작하셔야 합니다. 제가 시작했던 2020년은 코로나19가 막 시작되던 시기였습니다. 주변 사람들은 "네 음식 괜찮으니까 번화가로 나가보자! 익선동은 어때? 아니면 을지로는 어떠니?" 하고 권유해왔습니다.

그렇게 생각해주는 것은 고맙습니다만 그들이 제 인생을 책임지지는 않습니다. 오롯이 모든 선택의 책임은 저에게 있으니까요. 혹시라도 자신감이나 여유가 있다면 각자의 환경에 따라 선택지를 다양하게 정하셔도 좋습니다. 다만, 저는 그렇게 대범하다거나 스스로를 과신하지는 않습니다. 철저하게 남들이 생각하는 나보다 더 냉정하게 평가합니다. 다른 사람들이 저에게 90점이라고 하면 저는 70점 정도로 평가합니다. 자존감이 낮아지거나 자신감이 없는 것은 아니고, 스스로를 경계하면서 살아가야 한다 생각하기 때문입니다.

다시 본론으로 돌아가서 저는 예산에 맞는 범위에서 장소를 찾기 시작했습니다. 그 다음으로 월세, 공과금, 보험료, 렌트비 등을 포함했을 때 감당 가능한지 생각했습니다. 계산식을 세워보니 어떤 경우에도 감당할 수 있겠다는 생각이 들었습니다. 장소가 좋은데 고정비가 높다면 어차피 오래도록 지속하기 힘들다는 생각입니다. 사업은 작든 크든 지속 가능해야 한다고 생각합니다.

수익구조를 계획하는 방법

수익구조를 계획하는 것은 어렵지는 않습니다. 아래와 같이 예를 들어보겠습니다.

- 고정비: 월세 110, 공과금 40, 렌트 및 고정지출비 40 = 190만 원.
- 변동비: 재료비(30%)와 인건비.

➡ 상권이 좋지 않은 경우에는 매출이 높지 않은 게 당연합니다. 또한 매출이 높다고 순수익이 좋다고 말할 수 없습니다. 밀라노기사식당의 첫 번째 매장은 제가 혼자서 운영하는 시스템으로 설계했습니다.

- 월 평균 매출 1,000만 원을 목표로 할 때, 주 5일 기준으로 저녁 17~22시까지 영업.
- 파스타 평균 가격 18,000원.

- 월 예상 매출 1,000만 원(고정비 190만 원 – 재료비 300만 원 – 부가세 100만 원 = 410만 원)
- 1,000만 원/18,000원 = 560명/월
- 560명/25일(영업일 주 6일 기준) = 23명/일

➡ 음료나 부가적인 것은 미포함하고 기본으로 나가는 식사로만 산식을 계산합니다. 그렇게 했을 때 하루 23명이 가게에서 식사를 한다면 어떤 상황에도 유지 가능하다는 결론이 나옵니다.

그럼 최악의 경우는 무엇일까요? 마이너스 매출입니다. 마이너스가 되지 않고, 최소한 제로가 되는 상황의 매출을 계산해보겠습니다.

- 월 예상 매출 600만 원 – 고정비 190만 원 – 재료비 180만 원 – 부가세 60만 원 = 170만 원.

600만 원/18,000원 = 334명/월

334명/25일(영업일 주6일 기준) = 13명/일

➡ 최소한 하루에 13명 이상은 받아야 마이너스가 나지 않는다는 이야기입니다.

처음 시작할 때 바로 대박이 난다면 좋겠지만, 저는 그렇게 시작하지는 못했습니다. 다만 코로나19였던 시기 그리고 2023년 경기침체 시국에도 꾸준히 유지하고 있는 것은 최악의 경우를 상정하고 수익구조를 계산했기 때문입니다. 그럼 실제로 어떻게 진행되었을까요? 2020년부터 2023년을 지나온 경험입니다.

2020년: 코로나19 태동기

처음 시작했을 때는 오전 10시부터 오후 10시까지 주 6일 운영을 하면서도 월 목표 매출을 만들기가 쉽지 않았습니다. 죽은 상권에서 홍보비도 없었으니까요. 그래도 가능범위에서 항상 유지하는 기조였습니다. 많은 사람을 받으려고 하기보다 찾아주는 사람 한 분 한 분에게 집중하려고 노력했습니다.

2021년: 코로나19 확산기

매일 신장개업과 폐업을 반복했습니다. 하루가 멀다 하고 정부에서 이동을 자제하라는 내용이 쏟아졌기 때문입니다. 그 기조에 맞춰 국민들도 최대한 지키려고 합니다. 자영업을 하는 입장에서는 어려운 기간이었습니다. 그럼에도 불구하고, 한 분 한 분을 최선을 다해서 마중했습니다.

2022년: 코로나19의 종식을 알리는 시기

점차 사람들도 코로나19에 익숙해지기 시작했습니다. 그리고 사회 전반적으로 자유롭게 이동하기 시작한 시기였습니다. 그러면서 밀라노기사식당에도 몇백 명이 줄을 서는 상황이 벌어졌습니다.

코로나19/ 죽은 상권/ 폐허 같던 자리/ 주차 공간 X/ 홍보비용 X/ 혼자 운영/ 첫 사업. 어떠한 힘도 없었던 시기와 시절이었습니다. 그런데도 제가 버틸 수 있었던 것은

1 이곳을 찾아주는 손님들에게 어떻게 대했는가?

2 많은 불편함을 감수하면서 이곳을 찾을만한 이유가 있는가?

이 두 가지가 손님들에게 와 닿았던 거라고 생각합니다.

이제 여러분은 제가 가게를 확장했을 거라고 생각하시겠지요? 그런데 저는 그렇게 하지 않고, 다른 방식을 선택했습니다. 자세한 내용은 운영을 하면서 시스템을 구축하게 된 방법에서 다루겠지만, 이것 하나만은 말씀드리고 싶습니다. **'확장'만이 성장의 방식은 아닙니다. '성장'을 어떻게 이룰 것인지에 대한 생각의 전**

환점이 개인의 방향성을 결정합니다.

결론적으로 2022년 7월부터 현재까지는 〈주 5일/ 디너 17~22시〉로 운영하고 있으며, 위에 세운 산식에 따라 운영되고 있습니다. 그리고 동시에 다른 개인 활동을 할 수 있는 시간을 확보했습니다.

'나는 이렇게 매출을 증폭시켜서 성공했다'라는 내용을 보고 싶으셨던 분이라면 조금 실망하셨을 수도 있습니다. 하지만 저는 그렇게 몸을 갈아 넣어서 증폭시키는 것은 좋다고 생각하지 않습니다. 결국에 일은 내가 좋아하는 것을 해야 하고, 오래도록 지속 가능해야 하며, 돈을 벌어서 내 삶을 조금은 편리하거나 윤택하게 살고자 하는 것인데, 남에게 보이고 싶어서 또는 남 위에 서있는 듯한 느낌을 가지고 싶어서 무리하게 사는 것은 위험하다고 생각했습니다.

그래서 저는 반대로 운영하는 시간을 줄이고, 그 범위 안에서 최대한 효율적인 수익을 내는 방법을 선택했습니다. 그리고 다른 다양한 활동을 하면서 나의 시간을 확보하는 쪽으로 생각했습니다. 가게 운영시간을 줄이고, 놀거나 쉬기만 한다면 가게를 유지하기도 힘듭니다. 가게와 연동해서 내가 하고 싶은 일과 할 수 있는 일을 계속 해야 합니다. 가게, 내가 하는 부가적인 일 그리고 내 삶이 지속적으로 유지되면서 성장해 가는 것입니다. 저는 결과를 말하는 사람이 아니고, 과정을 살아가는 사람이기에 지금도 부단히 노력하고 있습니다.

고정비가 높거나 입지 장소가 좋은 곳

이런 경우는 시작부터 무리해서 확장하는 방향을 선택해야 할 것입니다. 매장 규모가 작으면 매출이 적어 수익이 없기 때문에 매장의 규모는 키우고, 사람을 많이 쓰고, 홍보비용도 많이 지출해야 하는 상황이 발생합니다. 이 톱니바퀴가 잘 돌아가면 괜찮겠지만, 하나라도 삐끗하는 순간 삶이 위태로워지는 환경에 놓이게 됩니다.

그런데 경험이 없는 사람이 시작부터 이렇게 한다면 그건 사장이 되고 싶은 것이 아니라 사장 놀이를 하고 싶은 것이라고 생각합니다. 사업도 우리의 몸이 성장하는 것처럼 성장의 시간이 필요합니다. 절대 빨리 갈 수 있는 법은 없습니다. 유명한 사람에게 의지해서 빠르게 성공하는 방향은 있습니다만 결국 자신이 가지고 있는 내용물(콘텐츠)이 없으면 그 인기도 한순간에 빠르게 사그라들어 버리니까요.

수익구조, 대박이 아니라 최악의 상황에도 버틸 수 있는가

보통 수익구조를 계획할 때 대부분은 너무나 관대하게 계획합니다. "하루에 100명은 내 물건을 사주겠지? 그럼 월 2,500명이면 나 대박 나는 거 아냐?" 이런 상상의 나래를 펼치죠. 죄송하지만 현실은 냉정합니다. 그렇게 관대하거나 자비롭지 않다는 것을 말씀드리고 싶습니다. 자기가 원하는 매출을 먼저 정해놓고 그 매출에 맞게 사람이 올 거라는 상상은 바람직하지 않습니다.

따라서 좀 더 세밀하고 어렵게 매출 산식을 설계해야 합니다. "최악의 경우 기본 파스타만 하루에 20그릇은 팔릴 수 있는가?" "팔리게 하려면 어떻게 구조를 짜야 하는가?" 이 임계점을 넘어서고 나서 "매출을 더 상향 조정해서 가능성을 높이는 방향은 뭐가 없을까?"라는 질문을 본인에게 던져야 합니다. 구체적인 계획 없이 대박을 꿈꾸고 사업을 시작한다면 생각부터 접으시길 바랍니다. 잘못하다가는 사기 당하기 쉬우니까요.

1 혼자서 A~Z까지 다 할 수 있는가?

2 내가 정해놓은 예산 범위에서 감당 가능한가?

3 최악의 경우 수익 구조 내에서 버텨낼 수 있는가?

4 수익이 많든 적든 지출 비용은 적은 범위에서 늘리지 않는다.

사업을 기획하고 계획할 때는 이런 사항이 정리되어야 합니다. 그래야 제품이 좋고, 소비자의 평가가 만족스럽다면 시기가 좋아지거나 개개인의 환경이 나아질 때 수익성은 차츰차츰 높아질 것입니다.

이타적이지만 전략적인 운영

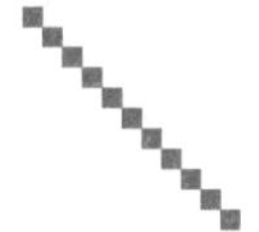

나만 살려고 선한 척하면 결국엔 부메랑이 되어 힘들어집니다. 나도 살려고 하고 이타적이어야 하며 기본적으로 전략적이어야 합니다.

판매자의 입장이 아닌 소비자의 입장으로

우리는 종종 판매할 때, 소비자의 입장이 아닌 판매자의 입장으로만 생각하고는 합니다. 하지만 우리는 판매자인 동시에 소비자입니다. 그런데 소비자 입장이 되었을 때는 판매 물건에 대한 엄격한 비평을 늘어놓지만, 자신이 판매자가 되었을 때는 소비자들이 알아서 사줄 거라는 근거 없는 자신감을 가집니다. 자신이 다른 물건을 구매할 때 가지는 비판적인 시각을 자신에게는 잘 적용하지 않는 것입니다. 이러면 안 됩니다. 판매자가 되었을 때 소비자의 입장에서 생각하는 습관이 들어 있어야 합니다.

생각을 전환하는 습관

판매가 잘 되지 않을 때 우리는 종종 외부적인 탓을 먼저 하는 경우가 있습니다. 탓하지 말라는 이야기는 안 하겠습니다. 그런데 외부적인 요소를 탓한다고 해서 지금 상황이 바뀌나요? 바뀐다면 그렇게 해도 좋지만 그런 경우는 거의 없습니다.

다른 사람이 아닌 저에게 적용해서 이야기를 풀어가 보겠습니다. 정말 열심히 모았지만 자금이 넉넉하지 않은 상황이었고, 시작한 장소는 죽은 상권이었습니다. 게다가 시작한 시기는 코로나19가 발발한 2020년. 이런 최악의 상황에 만약 제가 "내가 열심히 살아도 부자가 아니어서 난 안 돼." "돈이 있어서 좋은 상권에서 했으면 더 나았을 텐데." "왜 하필 내가 시작한 시기가 코로나인 거야!"라고 원망을 했다면요?

무조건 긍정적으로 생각하라는 것은 아닙니다. 이런 부정적인 생각을 계속해서 내 상황이 조금이라도 좋아진다면 저는 그렇게 하라고 할 것입니다. 그런데 이렇게 부정적인 생각을 하고 있으면 내 자신이 초라하고 한심하게 느껴집니다. 누가 뭐라고 하는 것도 아닌데 위축되고, 자존감도 낮아지고 또 자신감도 없어집니다. 그리고 처음 시작하는 입장에서는 뭐가 맞고, 틀리는지 판단하기도 어렵습니다.

그래서 시작할 때는 준비를 철저하게 하지만 분수에 맞춰서 대박을 쫓는 게 아니라 언제든 다시 일어설 수 있는 범위에서 시작하는 것이 좋습니다. 저도 우울한 감정이 들었지만 바로 툭툭 털었습니다. 코로나19가 끝난 지금은 나아졌을까요?

오히려 장기침체 국면에 들어섰습니다. 우리는 지금 그렇게 어렵고 힘든 시기를 살아가고 있습니다. 그런데 어렵고 힘들다고 해서 삶을 포기하고 싶은 건 아니잖아요? 그러니 나를 붙들 수 있도록 생각을 전환해야 합니다.

"내가 열심히 살아도 부자가 아니어서 난 안 돼!"

➡ 괜찮아. 열심히 살아서 아무것도 없이 시작했어도 빚 없고, 일단 내가 하고 싶은 걸 시작할 수 있잖아.

"돈이 있어서 좋은 상권에서 했으면 더 나았을 텐데."

➡ 형편에 맞게 하는 거야. 이미 시작했으니까 내가 여유 있어서 옮길 게 아니라면 내가 할 수 있는 범위에만 집중하는 거야.

"왜 하필 내가 시작한 시기가 코로나인 거야!"

➡ 코로나19가 뭔지 어떻게 알았겠어? 그리고 이렇게 길어질 거라는 사실을 어떻게 알겠어.

저는 이렇게 생각을 바꿨습니다. 생각을 긍정적으로 바꾸는 것은 다른 사람을 위한 것도 성공하기 위한 것도 아닙니다. 그렇게 생각을 전환함으로써 나를 스스로 서 있을 수 있게 붙들기 위한 것입니다. 합리화하라는 말이 아닙니다. 내가 할 수 없는 범위보다 내가 할 수 있는 범위에 집중해서 그것부터 시작하는 것입니다.

결코 쉽다고는 이야기 못합니다. 쉬운 일이라면 누구나 다 했겠지요. 그런데 어렵고 힘들어도 해내야 살아갈 수 있습니다. 일단, 현재 상황을 인정하고 그다음에 "어떻게 할 것인가?"를 고민해야 합니다. 감정에 휘둘리거나 우울감에 빠진다고 해서 상황이 나아지지는 않으니까요. 누군가에게 위로받고 싶겠지만 그 위로는 잠시일 뿐, 상황이 해결되는 것은 아닙니다. 우리는 매일매일 어제와 다른 오늘을 해결하면서 앞으로 한걸음씩 걸어가야 합니다. 감정을 추스르고, 현재를 인정하고 나면 문제점이 무엇인지 파악될 것입니다.

차별성을 가져야 소비자가 찾아온다

간단한 것 같지만 쉽지 않습니다. 지금 우리가 살고 있는 세상에 제품은 많고, 다양합니다. 정보가 많은 것만큼 제품도 다양하고 방대하게 널려있습니다. 그럼에도 우리 가게를 와야 하거나, 우리 제품을 사야 하는 이유는 무엇일까요? 바로 차별성입니다. 차별성은 구체적으로 무엇을 말하는 걸까요? 저의 조건을 예시로 들어보겠습니다. 그리고 처음부터 생각했던 차별성과 후차적으로 보완된 차별성까지 말씀드리겠습니다.

품목: 파스타.

장소: 죽은 상권(별도로 볼 것 없음), 주차 공간 없음. 재개발 지역이라 지역구에서도 지원해 주지 않음. 관광 요소 없음.

개인적인 여건: 처음 시작하는 사업, 예산이 여유 있지 않음.

위와 같은 조건에서 어떻게 하면 차별화를 시킬지 생각해

봤습니다.

스스로 질문

1 정통 파스타를 한다고 하면 소비자들이 이곳에 올까?

➡ 올 이유가 없다. 교통이 모이는 번화가에서 충분히 즐기고 오면 되니까 굳이 이곳을 찾을 이유는 없다.

2 오랫동안 셰프로 시작해서 운영한 사람과 식품연구원으로 시작해서 처음 사업을 하는 내가 경합을 했을 때 승산이 있는 방향은?

➡ 셰프들은 '정통성'을 강조하고, 상대적으로 값비싼 재료를 활용하는 파인다이닝을 추구할 것이다. 정통성에서는 식품연구원 출신인 내가 열악하다. 그러니 내가 잘할 수 있는 부분을 고민하자.

3 동네에서 유입이 가능할까?

➡ 쉽지 않다. 낮에는 노년 인구층이 대부분이고, 전반적으로 식삿값이 외식 평균치보다 하방경직이다. 소비력이 높지 않으며, 젊은 층은 출근을 하고, 퇴근하면서 들어오는 길에 소비를 다 하고 들어올 가능성이 높다.

시작 전 차별화

1 정통 파스타를 잘한다고 해도 승산은 없다. 반드시 찾아와서 먹을 만한 파스타를 만들어야 한다.

2 우리가 익숙한 재료들을 파인다이닝은 아니더라도 그에 준하는 수준으로 만들어 놓고, 가격은 대중적이어야 한다. 그래야 소비자의 만족도가 높고, 재방문이 가능할 것이다.

3 동네에서 유입만 생각하면 사업을 시작하기 전에 접을 가능성이 높다. 외부에서 오는 손님 6 : 동네 손님 4 정도면 적정하다.

그리고 후차적으로 보완된 차별화가 있습니다. 이것은 운영을 하면서 경험에서 만들어진 것이라 각자의 상황에 맞춰서 참고하셨으면 좋겠습니다.

후차적으로 만들어진 차별화

1 손님들이 작은 공간에서 프라이빗하게 즐길 수 있는 환경.

2 쫓기듯이 식사하지 않아도 되는 시스템.

3 직접 만든 후식과 예상하지 못한 작은 이벤트.

※ 기계적이지 않고, 사람으로 서로 소통하고 교감하는 작은 레스토랑이 후차적으로 만들어진 차별성입니다.

모든 환경이 좋지는 않고, 쉽지도 않지만 그래도 이러한 이유 때문에 손님들이 찾아주면서 브랜드가 완성되어 갔습니다. 처음부터 브랜드가 만들어지는 것은 아닙니다. 처음에는 주인이 브랜드를 표방하고, 소비자와 교감하면서 브랜드가 차츰 다듬어지는 것 같습니다. 소비자가 늘어나고 줄을 서기 시작하지만 확장보다는 시스템을 구축하는 방향을 선택했습니다.

줄이 서는 것을 보면서 확장을 하고 싶어도 할 수 없는 상황이었을 때 제가 어떤 기분이 들었을까요? 지금까지 힘들게 버텨왔고, 막상 돈을 벌 상황이 만들어졌는데 여력이 안 돼서 확장할 수 없는 상태였습니다.

'제길! 나는 정말 운이 없구나! 나는 안되는 놈이구나!'라는 생각이 들었습니다. 저라고 언제나 올바른 생각만 하고 긍정적인 생각만 할까요? 아닙니다. 저도 같은 사람인걸요. 저도 절망하기도 하고, 현실 부정을 하기도 합니다. 그런데 앞에서 말씀드렸듯이 부정적인 생각은 나에게 좋은 영향을 미치지 않으므로 그 생각을 빨리 털어버리려고 훈련한 것입니다.

'분수껏 하자! 처음 그리고 혼자 시작해서 내가 할 수 있는 부분이 여기까지인데, 일단 추스르고 방법을 생각해 보자!' 이렇게 긍정적으로 생각하는 것 또한 계속된 훈련의 결과입니다. 사람은 의지를 가지고 열심히 했다가 안 되면 부정적으로 생각하게 될 수밖에 없으니까요. 그래서 긍정적으로 생각을 전환하는 노력이 필요합니다. 그래야 어떻게든 방법을 만들어 냅니다. 그리고 소비자에게 부정적인 기운보다 긍정적인 에너지를 주기에 다시 오고 싶은 곳 또는 재구매하고 싶은 제품이라는 이미지를 줄 수 있습니다. 물론, 온라인보다는 오프라인 사업에 더 유효하겠지만요. 이처럼 소비자 입장에서 생각하고 차별성을 고민하다 보니 차츰 손님층이 두터워졌습니다.

더 멀리 바라보는 미래 시스템 구축

√

성장은 빠르게
되지 않습니다.
항상 더딘 것 같지만
돌아보면 그리
늦지 않습니다.

한 번은 서울시 골목창업경진대회를 통해 저의 사업모델을 발표한 일이 있습니다. 이 대회를 준비하면서 저 또한 많은 것을 배울 수 있었습니다. 아무래도 혼자만의 생각에 갇혀 있었다면 흩어져있던 조각을 맞추지 못했을 겁니다. 발표 중 이런 말을 했습니다. "저는 혼자 시작해서 운이 좋게도 다양한 기회를 얻었습니다. 그 기회들을 통해서 저의 사업 포트폴리오를 다음과 같이 설계했습니다. 저는 우연히 만들어졌지만 이것이 힘들고 어렵더라도 앞으로 살아갈 세대에게 도움이 될 것이라는 생각이 들었습니다."

1 매출을 무한정 늘리는 것이 아니라 범위를 정해놓은 운영시간 동안 판매를 진행하며 그곳을 찾아준 손님들에게 최대한 집중할 것.

2 나머지 시간에는 공부를 하면서 자신을 성장시킬 동력을 만들 것.

3 그렇게 해서 부가적인 수익을 만들 수 있는 구조가 있다면 그 수익은 축적할 것.

4 자기자본이 축적되지 않았다면 섣부르게 사업을 확장하지 말 것.

이렇게 발표하고 나니 면접관님께서 질문을 하셨습니다. "대표님, 책을 지속해서 출판하고, 강연하는 것도 좋지만 셰프의 본질이 훼손되지 않을까요?" 그래서 저는 오히려 면접관님께 되물었습니다. "면접관님, 제가 정해진 운영시간에 정해진 자리에 위치해 있고, 재료를 매일 사 오고, 다듬고, 준비합니다. 그리고 때마다 메뉴를 개발하고, 손님을 정중히 맞이하는 것이 셰프의 본질이라고 한다면 저는 소홀하지 않았습니다. 그게 아니라 기존의 방식대로 자영업자는 하루 종일 가게에 있어야 한다면 저는 소홀한 것입니다. 저는 어느 쪽일까요?"

"소홀하지 않으셨네요."

"기성의 자영업이 확장만을 이야기했다면 이제는 환경적으로도 1인 사업자가 늘어나는 추세입니다. 그런데 그 사람들에게 하루 종일 가게만 지키고 있으라는 고정된 방식은 길이 될 수 없습니다. 아무리 실력이 있어도 자금 여력이 없어 장소가 좋지 않다면 무너질 수 있으니까요. 또는 움직이지 못하고, 그 장소에만 머물러 있어서 우울감에 사로잡힐지 모릅니다."

"대표님은 해내셨잖아요?"

"아니요, 그렇다고 그게 정답은 아닙니다. 제가 했다고 다들

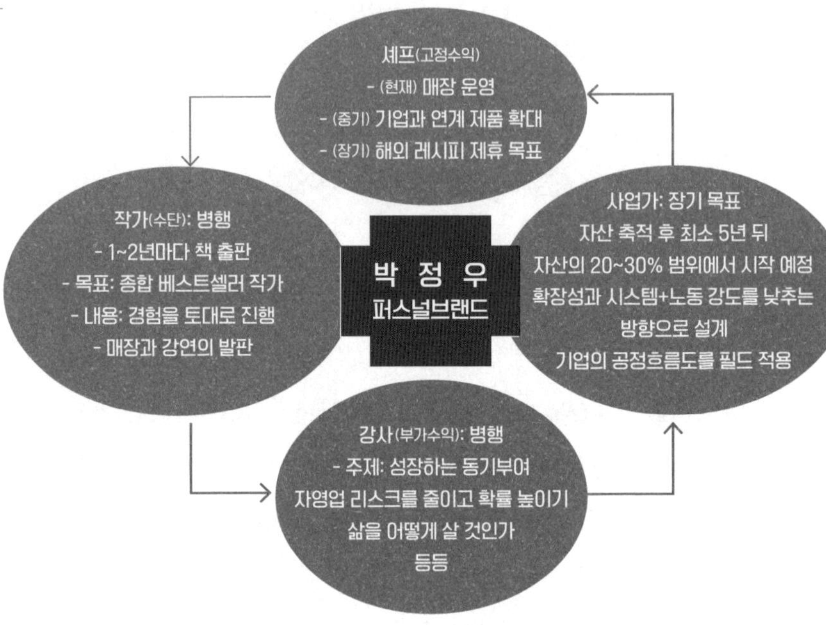

그렇게 할 수 있다고 말하는 것은 위험하다고 생각합니다. 다만, 저는 기존의 A, B라는 길 말고도 조금 힘들고 어려울 수 있지만 C라는 길도 있는데 한 번 맞춰서 적용해 보겠냐는 이야기를 하고 싶을 뿐입니다.

저는 제 생을 걸고 시도하는 중입니다. 처음 걷는 길이지만 틀리지 않았고, 경험을 통해서 삶이 다채롭고 풍요롭기에 이런 길도 있다고 이야기를 해줄 뿐입니다. 다양한 길이 있어야 다양한 방식으로 살아갈 수 있을 거라 생각합니다. 꼭 '확장'만이 답은 아니라고 사료됩니다."

기회를 만드는 방법

'기회는 자주 오지 않는다'라는 말을 저는 믿지 않습니다. 기회는 주변에 항상 있고, 내가 그 기회를 보는 눈이 부족해서 보이지 않는 것이라는 생각이 듭니다. 그런데 기회는 '사람'을 통해서 오는 것 같습니다. 저는 레스토랑을 운영하면서 사람들을 대하는 태도에서 기회를 많이 얻었습니다. 기회라고 하면 오직 돈과 연결해서 생각할 수 있지만, 기회를 돈과 연결하다 보면 오히려 위기로 다가올지도 모릅니다.

제가 말하는 기회는 나를 성장시킬 수 있는 것입니다. 돈을 좇아서 그것이 기회라고 생각하다 보면 자칫 내 삶이 위태로울 수 있습니다. 내가 성장하면 돈도 그 그릇에 맞추어 담기는 것 같습니다. 적어도 저는 그랬습니다. 돈을 좇는다고 해서 그 돈이 다 저에게 오는 것도 아니었습니다.

제가 기회를 만들었던 방법은 찾아온 사람들을 살뜰하게 대접하는 것이었습니다. 많은 손님을 받지는 못하지만 찾아오는 사람 한 분 한 분에게 집중했습니다. 그리고 무엇인가 더 해준 것에 대한 대가를 바라지도 않았습니다. 내가 해줬다고 생색을 내는 순간 고마운 마음은 씻은듯이 사라집니다. 사람 마음이 그렇습니다.

처음에는 사람이 없으니까 한 명에게 집중 그리고 또 한 명에게 집중했습니다. 성장은 빠르게 되지 않습니다. 항상 더디게 커가는 것 같지만 돌아보면 그리 늦지도 않았습니다. 오히려 빠르게 느껴지기도 합니다. 제대로 음식(제품)을 만들고, 찾아온 손님 한 분 한 분에게 집중하니, 시간이 지날수록 점차 손님이 늘어갔습니다.

제가 생각하는 홍보 중 제일 무서운 홍보는 진심이 담긴 손님들의 입소문이라고 생각합니다. 그렇게 손님들이 입소문을 내고, 그 입소문 덕에 가게가 문전성시(門前成市)를 이룹니다. 외진 곳에서도 문전성시를 이뤘는데, 저보다 나은 조건에서는 더 잘 해낼 거라 생각됩니다. 그래서 저는 확장을 했을까요?

답은 "아닙니다." 저와 같은 상황에서 99%는 확장을 선택할 것입니다. 확장할 만큼 손님이 많으니까요. 그런데 저는 1%의 방향으로 선택했습니다. 두렵지 않았냐고 물으면 솔직히 두려웠습니다. 그럼에도 틀리지 않았다는 생각이 들었기에 그렇게 방향을 잡았습니다. 그럼 지금부터 제가 많은 것을 기록하고 체크하면서 구축한 시스템을 나열해 보겠습니다.

확장할 때는 체크해야 할 사항이 있다

확장할 때는 반드시 체크해야 할 사항이 있습니다. 기업도 아니고, 그냥 작은 가겐데 무슨 체크 사항이 이렇게 많으냐고 생각하실 수도 있습니다. 그러면 저는 이렇게 질문하겠습니다.

자기 인생을 살아가는 것인데, 쉽게 생각할 수 있습니까?

생각하기 싫어하고, 머리 아파하면서 자기 삶을 잘 살고 싶어 하는 것은 앞뒤가 맞지 않습니다. 머리 아파도 생각하고 고민해야 자기가 원하는 삶을 현실로 이끌어 낼 수 있는 것입니다.

1 자기자본이 1년 이상 버틸 수 있게 확보되었는가?

'대출해서 하면 되지 뭐'라고 생각하면 오산입니다. 자기자본이 있고, 이에 대비해서 대출금을 확보하면서 영역을 넓혀가는 것입니다. 자기자본이 그 정도로 확보되지 않았다면 일단 현시점에 맞춰서 수습하는 것이 바람직합니다.

2 인프라는 구축되었는가?

인프라는 설비일 수도 있고, 인력일 수도 있습니다. 인프라 구축이 되지 않은 상황에서 생각하지 못한 물량이 터졌다고 무조건 확장으로 가면 위태롭습니다. 외부적으로는 통제하지 못하는 환경입니다.

길이 하나만 또렷하게 보일 때는 한발 물러서야 합니다. 그리고 스스로 질문해야 합니다. "꼭 이 길밖에 없는 것인가?"라고 말입니다.

갑자기 가게 앞에 몇백 명의 손님이 줄 서는 것을 보게 된다면 대박이라는 생각이 먼저 들 것입니다. 그리고 '이제 내가 고생한 것을 보상받을 때가 되었구나!' 하는 마음이 들 수 있습니다. 그런데 저는 그런 상황에서 오히려 한발 물러서서 왜 이런 현상이 발생했는지 점검해 봤습니다. 얼떨떨하지만 그럼에도 불구하고 상황을 분석하려고 노력했습니다.

'일시적인가? 아니면 지속 가능한 것인가?' 그에 대한 저의 판단은 '일시적일 가능성이 크다'였습니다. 그 이유는 다음과 같습니다.

1 코로나19가 20만 명으로 확대되면서, 조심스럽게 집에 있던 사람들이 일시적으로 나왔을 것이다.
2 해외여행을 하지 못하기 때문에 저장해둔 맛집 위주로 돌아다니는 것이다.
3 코로나 지원금 및 돈을 쓰지 못했기 때문에 자금이 축적되어 있다.

이렇게 판단하고, 향후 방향을 분석했습니다.

지리적 판단

1 이곳은 상권 자체가 없기에 일부러 찾아오는 손님이 80%일 확률이 높다.
2 주변에 볼거리 또는 놀거리가 없기에 확장한다고 한들 파급력이 높지 않다.

내부적인 판단

1 인프라 및 인원이 세팅되어 있지 않다.
2 코로나19에도 다행히 버텨냈지만, 자금적인 여력이 크지 않다.
3 손님들이 확장해서 크게 넓힌 밀라노기사식당을 원할 것인가?
4 밀라노기사식당의 메뉴가 프랜차이즈화 된다고 할 때 지금 나의 상황에서 적합한가?

외부적인 요인 점검

1 코로나19에 풀었던 자금을 회수할 가능성이 높다. 그러면 금리를 인상할 가능성이 높으며, 대출을 했을 시 압박감이 있을 것이다.

2 러시아/우크라이나 전쟁으로 인해 물류 비용이 급등하면서 원자재 값이 상승할 것이다.

3 금리 인상과 원자재 값 상승을 예측할 때, 사람들의 수입은 고정이지만 지출해야 할 금액이 상대적으로 늘어나므로, 외식을 줄일 가능성이 높다.

이렇게 여러 조건을 분석하고 종합적으로 내린 결과, 현재 조건에서는 확장하면 위태롭다고 판단했습니다. 더군다나 저처럼 혼자서 시작한 사람이라면 더 쉽지 않습니다. 그래서 저는 하나씩 기록하기 시작했습니다. 보통 가게가 잘되면 프랜차이즈를 하려고 하거나 온라인으로 판매를 계획하거나 심지어 매각하려는 생각을 합니다. 그런데 저는 밀라노기사식당을 계속하고 싶었습니다. 그래서 지금은 내가 확장할 수 있는 수준이 아니라는 판단을 내리고 기록을 통한 점검을 하기 시작했습니다.

첫 번째, 매출을 포기한다. 지금 당장 눈에 보이는 매출을 포기하는 것은 쉽지 않았습니다. 당연히 어려운 일입니다. 그렇지만 몸이 상하면서 돈만 벌린다면 건강을 다시 찾을 수 없습니다. 건강을 더 잃기 전에 정상적인 방향으로 잡는 것이 중요했습니다. 보통은 "젊은데 뭐 어때?"라고 하지만 그런 말은 본인에게도 하지 말고, 상대방에게 쉽게 뱉지도 않으시길 바랍니다. 사람마다 환경이 다르니까요.

젊었을 때 고생은 할 수밖에 없습니다. 어떤 것에 두각을 나타내거나 사회에 인정받은 것이 없으니까요. 다만, 고생을 한다는 것과 몸이 상하는 것은 별개입니다. 젊었을 때 고생은 후에 내 생을 잘 살아가기 위해서 준비하는 것이지 젊기 때문에 몸이 상해도 된다는 것은 아닙니다. 그렇게 몸이 상해버리면 그에 대한 결과는 바로 오는 것이 아니라 나이를 먹었을 때 부메랑으로 돌아옵니다.

우리 몸을 가전제품이라고 생각해 보면 이해가 쉽습니다. 예를 들어, TV의 수명이 평균 10년이라고 하면, 어떤 TV는 15년까지 유지되고, 어떤 TV는 5년이면 수명을 다하는 것이 있습니다. 왜 그럴까요? 평균은 10년이지만 사용하는 사람이 TV를 어떻게 사용하느냐에 따라 수명이 좌우되는 것입니다. TV를 탁! 탁! 때리거나 매일 보지도 않으면서 켜 놓는다면 수명이 단축되겠지요. 반면에 TV를 정해진 시간에 활용하고, 항상 잘 정비한다면 수명이 오래 유지될 것입니다.

우리의 몸도 이와 다르지 않다고 생각합니다. 그렇기에 저는 몸이 상해가면서까지 매출을 늘리는 것은 좋은 방향이 아니라고 생각합니다. 지금 당장 들어오는 돈이 줄어드는 것은 아쉽지만 나보다 중요한 것은 없었습니다.

두 번째, 손님들이 어떻게 하면 편안하게 즐길 것인지 고민한다. 제가 아무리 열심히 하더라도 하루 종일 손님을 응대할 수는 없었습니다. 사람이 구해질 때까지 버티다가는 몸이 먼저 망가질 것임을 직감했습니다. 지리적인 문제점과 기록을 통해서 점심보다는 저녁에 손님이 많이 찾아주신다는 것을 발견했습니다. 그리고 밀라노기사식당을 봤을 때 분위기가 저녁에 더 맞춰있는 것도 적합하게 느껴졌습니다.

세 번째, 운영하는 시간을 줄임으로써 준비하는 시간과 내 스스로가 외부로 움직일 수 있는 발판을 마련한다. 보통은 운영하는 시간만 봅니다. 그런데 외식업은 운영하는 시간과 비례해서 준비하는 시간도 동일하게 유지됩니다. 그렇기에 디너를 5시간 운영하면 준비 시간만 5시간이 소모됩니다. 외식업을 준비하는 사람들이라면 이 점은 꼭 참고하시길 바랍니다. 준비와 운영시간 10시간을 제외하면, 수면시간 7시간 그리고 7시간이 남습니다.

중요한 것은 남은 7시간을 어떻게 보낼 것인가입니다. 저는 그 7시간에 글을 쓰고, 운동을 하고, 공부를 하고, 비즈니스 미팅을 하고, 독서를 하는 데 보냅니다. 바로 돈으로 치환되지 않는 일에 시간을 투자하는 것이지요. 돈이 모든 것을 대변한다면 제 방식은 적절하지 않습니다. 그런데 멀리 걸어가려면 계속해서 배우고 익히는 과정이 필요합니다. 제가 만약에 돈만 바라보고, 억지로 대출을 끌어당기고, 사람을 고용해서 밀고 나갔다면 잘 되었을까요? 준비가 안 되었기 때문에 잘될 것이라고 쉽게 판단하기 어렵습니다.

보통은 그런 기회가 다시 오지 않을 거라는 생각에 욕심을 내지만 처음만 기회일 뿐 그렇게 한 번 경험하고 나면 그때부터는 기회가 아닙니다. 내가 선택할 수 있는 선택지 중 하나일 뿐입니다. 그렇기에 앞만 보일 때는 잠시 멈춰도 괜찮습니다. 달리는 호랑이에 올라탔는데, 호랑이를 다루지 못한다면 그대로 절벽 아래로 떨어질 수밖에 없습니다. 달리기 전에 호랑이를 다루는 연습이 필요합니다. 호랑이는 우리 안에 있는 욕망의 본능입니다. 그것을 잘 다스려야 내 삶을 내가 이끄는 방향대로 살아갈 수 있습니다.

당장의 매출은 손해를 봤습니다만, 장기적으로 봤을 때 저는 손해를 보지 않았습니다. 결과적으로 보면 이렇습니다.

1. 밀라노기사식당을 좋아하는 손님들의 이탈이 없다.
2. 디너만 운영하기에 제약이 있지만, 오너가 직접 맞이한다는 초심 덕에 손님들이 좋아하신다.
3. 낮에 나의 시간이 확보되었다. 오전 6시부터 11시까지 운동, 독서, 글쓰기 등 나를 성장시키는 시간으로 활용하고 있다.
4. 외부 강연과 비즈니스 미팅 등 다양한 경험을 통해서 세상을 배우는 시간을 갖는다.
5. 강연과 출판 등 확장성과 부가적인 수익이 발생하는 기회를 얻는다.
6. 한 공간에 갇혀 있어 시야기 좁아지기보다는 외부 활동을 통해서 다양한 분야를 경험해 유연한 사고를 할 수 있는 계기를 마련한다.

모든 선택에 비교 우위는 없다

저는 제 상황과 환경을 판단하고, 지금 나에게 있어서 최선의 선택은 무엇인가를 고민했습니다. 저는 성장의 시간을 갖는 것이 중요하다고 생각했습니다. 배우면서 벌고, 그리고 또 다른 것을 시도하면서 차츰 내 영역을 넓혀가는 방향이 나에게는 좋겠다고 판단했습니다.

"어떻게 하면 사업을 확장할 것인가?"를 선택하는 것도 "어떻게 하면 내 삶을 풍요롭게 할 것인가?"를 선택하는 것도 여러분 스스로의 판단입니다. 여러분의 인생은 다른 사람이 책임져 주지 않기 때문입니다. 어떤 선택이든 비교우위는 없습니다. 여러분이 선택해서 행복하다면 그 선택은 틀리지 않은 것이라고 생각합니다. 돈을 안 벌겠다는 것이 아닙니다. 자본주의 시대에 살면서 그렇게 생각하는 것은 바람직하지 않습니다. 돈을 벌더라도 내 상황과 환경에 맞춰서 한 걸음씩 걸어가겠다는 뜻입니다. 아무리 좋은 조건이라도 내가 흡수하지 못하거나 상황이 여의찮으면 하지 않는 것입니다.

무엇보다 중요한 것은 어떠한 결정을 내리든 여러분의 삶이 우선시되어야 한다는 것입니다. 이 사실을 잊지 않으시길 바랍니다.

PART 5

자신의 삶을 바라보는 시각, 성장

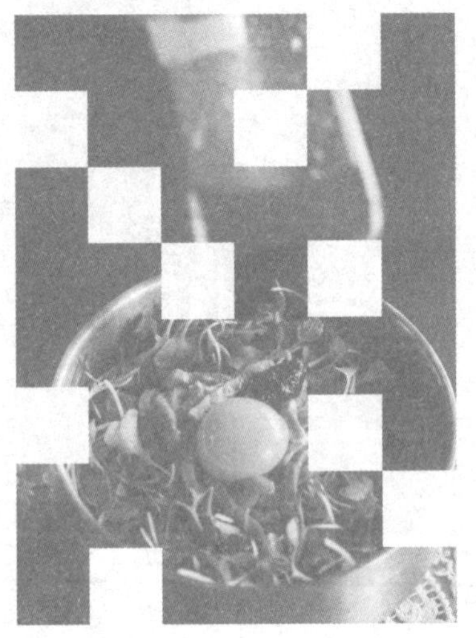

삶은 꾸준히 경영하는 것, 눈을 감을 때까지

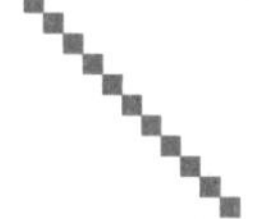

시작은 불공평할지 모릅니다.
그런데 가만히 들여다보면
세상은 균형추를
맞춰주고 있습니다.
스스로가 자신을
포기하지 않으면 됩니다.

사회가 인정한 성인이 된 시점

성인이 되기 이전에는 내 능력이 아닌 부모님 능력 아래에서 많은 것을 누리고 삽니다. 그렇기에 어떤 부모님을 만나느냐에 따라 세상에 진입하는 과정이 다를 수 있습니다. 부모님 품에서 누리고 자란 사람은 자기 능력인 것처럼 착각하는 경우가 많습니다. 미안한 말이지만 능력은 본인이 증명해야 스스로의 능력이 됩니다.

나이를 떠나 성인이 된 시점은 내 삶을 어떻게 만들어 갈지 찾아가는 출발점입니다. 누구는 성인이 되기 전에 찾기도 하고, 누구는 불혹의 나이가 되어서야 찾기도 합니다. 그럼에도 늦더라도 계속 포기하지 않고 찾아가면 언젠가는 내 삶을 만들 수 있습니다. 사회에 나와 힘들다는 것은 알지만 부모님의 경제력 아래에서 의존하는 것을 벗어나 스스로 작더라도 하나씩 만들어 가야 합니다. 그러지 않으면 자기 삶도 온전히 살기 어렵습니다.

포기하지 않고 꾸준히 살아가겠다는 의지가 필요하다

앞서 저의 이야기를 들려드렸지만, 저는 항상 뒤처진 아이였습니다. 하지만 힘들다고 주눅들지 않았습니다. 없이 태어났고, 남들보다 형편이 좋지 못하니 더 힘들 수는 있고, 배우는 속도가 느리니 더딜 수도 있습니다. 그런데 그게 잘못이거나 잘못 사는 것은 아닙니다. 부족하고 늦었다면 스스로 지금 서 있는 상황을 인정하고 계속해서 방법을 찾으려고 노력해야 합니다. 어떻게 내 삶을 살아가야 할지, 또 어떻게 만들어 가야 할지 말입니다.

그렇게 포기하지 않고, 꾸준히 계속하다 보면 따스한 햇살이 비추기도 합니다. 그렇다고 항상 따스한 햇살만 비치지는 않습니다. 살아가다 보면 좋을 때도 있고, 힘들 때도 있습니다. 좋을 때는 너무 기뻐하고, 힘들 때는 너무 낙담해서 감정의 기복이 크게 되면 힘들어집니다.

기본적으로 삶은 계속해서 자극을 주는 것이 아니라 계속해서 내/외부에서 주입되는 자극에 무던해져야 합니다. 그래야 내 삶이 온전하고 평온하게 보일 수 있습니다. 그리고 내가 현재 가지지 못하거나 너무 멀리 있는 것에 초점을 맞춰서 스스로에게 스트레스를 주지 않으셨으면 합니다. 지금 할 수 있는 것과 내가 해낼 수 있는 것을 먼저 하나씩 하다 보면 한 발 더 앞으로 나아가 있는 자신을 마주하게 될 것입니다.

지금 시련이나 역경을 겪고 있다면 그 시간을 가슴깊이 간직하기 바랍니다. 그래야 일이 순조롭게 잘 풀릴 때 스스로 경거망동하지 않고, 어떤 것이 중요한지 우선순위를 잃어버리지 않으니까요. 사람은 망각의 동물이라 자신의 일이 잘 풀리면 힘든 시기에 어떻게 버틸 수 있었는지를 잊어버립니다. 그리고 중요한 것들을 당연하게 여기면서 또 멀리 있는 것을 바라보면서 경주마처럼 달려갑니다.

저는 항상 잊지 않으려고 노력합니다. 20살부터 아무것도 없던 제 곁을 묵묵히 지켜준 아내 그리고 힘내라고 대놓고 말은 안 하지만 중간 중간 "밥 먹으러 왔어~!"라며 찾아오는 나의 사람들. "셰프님이 해주신 음식이 맛있어서 계속 오는 거예요"라며 언제나 응원해 주는 손님들의 마음을 기억합니다. 그렇기에 조금은 어렵고, 힘들더라도 돈보다는 사람을 먼저 생각합니다. 앞에서도 말했지만 돈을 벌지 말라는 이야기가 아닙니다. 이 점은 곡해하지 마시기 바랍니다. 돈'만' 벌지 말라는 뜻입니다.

돈을 벌더라도 결국엔 내 주변에 사람이 있는지 늘 점검하는 노력이 필요합니다. 내가 아무것도 없을 때 나를 봐준 사람들이기에 언제나 나를 있는 그대로 봐줄 수 있는 사람들이니까요. 여러분이 성공가도를 달린다면 나를 있는 그대로 봐줄 수 있는 사람은 상대적으로 줄어들 확률이 높습니다.

삶은 수렴하고 나아가는 '경영'이다

이렇게 앞만 보고 달려왔다면 숨을 고르면서 주변도 살피고 점검하는 시간을 가져야 합니다. 그래야 어느 부분이 부족한지, 어느 부분이 잘 되었는지 확인하고 정리할 수 있습니다. 부족한 부분을 나 스스로가 메울 것인지 아니면 잘하는 사람을 배치할 것인지, 잘된 부분은 어떻게 더 효율적으로 만들 것인지, 더 확장해도 괜찮은지 점검하면서 주변 사람들의 호흡까지 확인합니다. 그리고 어느 정도 다들 숨 고르는 것을 확인했다면 다시 뛰는 것입니다.

경영이라는 단어는 기업을 운영할 때만 쓰는 말처럼 들리기도 합니다. 하지만 경영은 우리의 삶을 놓고 쓰는 말이기도 합니다. 우리가 유기적으로 생각하지 않아서 그렇지만, 많은 것들이 유기적으로 연결되면서 우리 삶을 만들어 가는 것입니다.

- 소비 습관: 지출, 수익, 저축, 투자 등.
- 식습관: 어떤 음식을 먹는가?
- 운동하는 습관: 어떻게 몸을 단련하는가?
- 공부하는 습관: 어떻게 생각하는 습관을 기르는가?
- 사람을 대하는 태도: 나의 인격을 나타내는 모습.
- 언행 습관: 타인에게 스스로를 보여주는 모습.

기업이 몸집만 키우는 방식을 추구하면 겉에서 보기에는 커 보이는데 수익은 없고, 지출이 많으면 위기가 왔을 때 같이 버터줄 사람은 없고 언제나 나갈 사람만 있기에 부도가 날 확률이 높습니다. 이와 마찬가지로 우리가 스스로 재정적인 부분을 어떻게 분배해야 할지 생각하지 않고, 먹고살기에 바빠서 버는 족족 써버리면 자칫 다음을 기약하기 어려워집니다.

삶의 경영은 '한순간'이 아니라 '꾸준히' 하는 것입니다. 내가 눈을 감는 그때까지 말입니다. 내가 언제 눈감을지는 천명(天命) 즉, 하늘만이 알고 있기 때문입니다.

살면서 운이 좋게 하는 방법은…

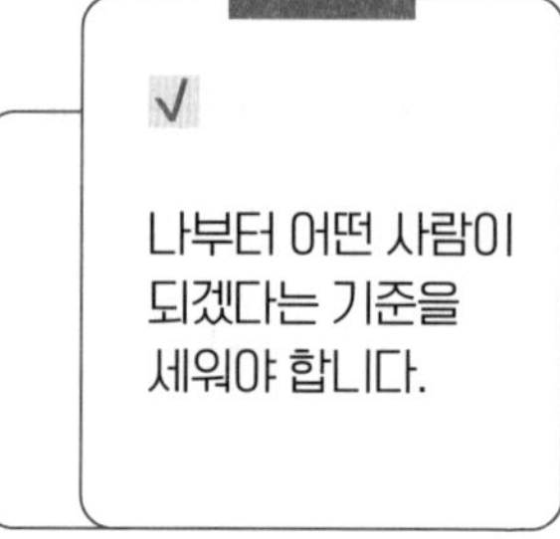

운을 좋게 하는 방법

성공한 사람들이 하는 식상한 대사가 있습니다. “운이 좋았습니다.” 그런데 지나 보니 그렇게 이야기하는 수밖에 없습니다. 그저 자신의 생(生)을 잘 살기 위해 열심히 노력하다 보니 어느샌가 뜻밖의 상황이 연출되었으니까요. 그 중간마다 각자의 공식을 설계해서 도달했을 테지만 그것을 다 말로 설명하기는 어렵습니다. 그래서 압축해서 하는 말이 **“운이 좋았다”는 말입니다.** 그런데 이 운을 스스로 좋게 만드는 방법이 있다면 여러분은 어떻게 하시겠습니까?

앞서 저의 20대, 30대의 상황을 보면 곡절이 너무나 많았습니다. 그럴 때마다 ‘나는 운이 나쁜 사람이야!’라고 생각했다면 살아갈 수 있었을까요? 항상 패배의식에 사로잡혀 있었을 겁니다. 그렇다고 허황되게 "그래! 나는 할 수 있어!" 이렇게 외치라는 말은 아닙니다. 적어도 매일 끊임없이 노력해야 한다는 뜻입니다.

매일 꾸준히 노력한다는 것은 쉬운 일이 아닙니다. 겉으로 드러나는 것도 아니고, 시간도 많이 걸려서 언제 그 결과물이 가시적으로 보일지 장담할 수 없습니다. "운이 좋았다." "운이 나빴다." 앞에 기(氣)를 붙여보시면 어떻습니까? "기운(氣運)이 좋았다." "기운(氣運)이 나빴다"라고 읽히게 됩니다.

운은 그냥 만들어지는 것이 아닙니다. 자기 기운을 좋게 만들어야 어느 순간 안 풀렸던 운도 풀리는 것이라고 생각합니다. 기운을 좋게 하는 것은 아주 간단합니다. 내 몸에 규칙적인 루틴을 만드는 것입니다. 정해진 시간에 밥 먹고, 정해진 시간에 일하고, 정해진 시간에 공부하고, 정해진 시간에 운동하면서요.

몸에 기운이 돌아야 생각도 좋은 쪽으로 흘러갑니다. 몸이 아프면 만사가 귀찮고 예민해집니다. 식욕도 떨어지고, 일할 의욕도 나지 않습니다. 그렇기 때문에 우리는 적어도 내가 만들 수 있는 운에 대해서는 최선의 노력을 할 필요가 있습니다. 체력이 없는데 정신력이 버틸 수 없고, 정신력이 없는데 체력만 있다고 일을 더 잘할 수도 없습니다. 체력이 약하면 의지력도 약해지고, 지력(智力, 생각하는 힘)이 없으면 살아가는 데 구조적인 설계를 하지 못해 휩쓸리고 맙니다. 정신력은 한계치를 계속해서 끌어올리면서 성장시키는 작용을 합니다. 외부에서 발생하는 운은 내가 어떻게 할 수 없지만 내가 스스로 노력해서 만들 수 있는 기운부터 노력하는 것이 먼저입니다.

말과 행동이 운을 좌우한다

운을 좋게 하기 위한 기본적인 태도는 언행(言行)입니다. 내가 말하는 언어와 내가 하는 행동 말입니다. 그 말과 행동이 그 사람의 인격(人格)을 나타냅니다. 미성년자일 때는 "그래도 아직 학생이니까." 하며 개선의 여지가 있다고 봐줄지 모르지만, 성인이 된 순간 그런 아량은 사라집니다. 아예 상대를 안 하고 맙니다. 그래서 저도 부단하게 노력합니다. 어떤 단어를 써야 하는지, 어떻게 행동을 해야 하는지 말이죠. 내가 양아치처럼 이야기하면 주변에는 양아치만 모입니다. 그런데도 자신은 주변 사람이 양아치인지 분간하지 못합니다. 초록은 동색이라고, 나부터가 양아치인데 어떻게 분간이 되겠습니까?

나부터 어떤 사람이 되어야겠다는 기준점이 있어야 합니다.

세상에는 연습이 없습니다. 바로 실전으로 투입되기에 대충해서도 안 됩니다. 이러한 것들을 스스로 훈련하지 않으면 성인이 된 이후의 긴 삶을 생기(生氣) 없이 살아가게 됩니다. 〈미생〉이라는 드라마를 알고 계실 겁니다. 미생(未生)은 바둑에서 집이나 대마가 아직 완전하게 살아있지 않은 상태 그리고 완생(完生)은 바둑에서 집이나 대마가 완전하게 살아 있는 상태를 말합니다. 미생으로 태어났지만 완생으로 살아가기 위해 노력하는 것이 중요합니다.

기본을 몸에 익혀야 한다

우리는 힘들거나 또는 빨리 가고 싶어서 좀 더 편안한 방법이나 쉬운 방법을 찾고는 합니다. 그렇게 해서 찾으면 다행이지만 불필요하게 시간을 보내기보다 기본에 충실한 정공법으로 나아가는 것을 추천합니다. 당연히 기본(基本)을 몸에 익힌다는 것은 쉽지 않습니다. 그런데 기본을 몸에 익히고 노력하면 그다음으로 응용(應用)할 수 있습니다. 기본이 되지 않았는데 응용을 할 수는 없습니다. 기본이 갖춰져야 숙달되면서 속도가 빨라지는 것이고, 시간이 단축되어야 조금 더 편안해 지는 것입니다.

머리로만 알고 해보지 않았는데, 결코 숙달되거나 잘할 수는 없습니다. 무엇이든 볼 때는 잘할 거 같은데 막상 하면 어색하고 생각처럼 되지 않습니다. 아무것도 노력하지 않으면 빠르고 쉬운 길은 만들어지지 않습니다.

저는 회사에서 일할 때도, 레스토랑을 운영할 때도 기본부터 충실하게 했습니다. 장소를 볼 때도, 시장조사를 할 때도, 사람을 대할 때도 마찬가지였습니다. 그런 저의 모습을 보고 답답했는지 지인 중 한 사람은 이렇게 이야기했습니다.

"나라면 이렇게 힘든 시기에 안 해. 그리고 좀 더 쉬운 방법이 있는데 왜 이렇게 어렵게 해?"

"그래서 좀 더 쉬운 방법은 뭐야?"

"좋은 상권에서 사람을 써서 장사하는 거지! 홍보비도 좀 팍팍 쓰면서! 그리고 은평구보다는 이름이 있는 동네가 좀 사람들 보기에 좋잖아?"

결론은 어떨까요? 그 지인은 그때부터 지금까지 4년이 지난 시점에도 제자리에 머물러 있습니다. 그러면서 "세상이 나를 알아주지 않아. 나는 실력이 있는데…"라고 한탄만 하고 있습니다. 반면 저는 작지만 제 삶을 한 걸음씩 만들어가고 있습니다. 차이점은 무엇일까요? 지인의 방법이 반드시 틀린 것은 아니지만 내가 처한 상황에서 할 수 없는 뜬구름 잡는 이야기를 한 것이고, 저는 할 수 있는 범위에서 차근차근 만들어 간 것입니다.

돈이 있고, 경험이 있고, 인프라가 갖춰진 상태에서 지인이 이야기한 방법을 활용해도 늦지 않습니다. 아무리 머리로는 알지만 실제로 하나부터 열까지 자기가 경험하지 않으면 문제를 파악하지 못합니다. 그리고 머리로 아는 것을 마치 자기가 해본 것처럼 이야기하는 것에 대해서는 크게 신경 쓸 필요 없습니다. 왜냐하면 막상 그 사람은 그런 것을 시작조차 하지 못할 테니까요.

그러니 기본부터 충실하게 만들어가는 게 오히려 제일 빠르다는 것만 인지하셨으면 좋겠습니다. 그게 나를 운 좋게 만들 수 있는 유일한 방법이기도 합니다. 나의 노력과 의지만으로 할 수 있는 범위니까요. 그렇게 경험이 쌓이면 자신이 하는 일에 점차 확신이 차오르면서 좋게 변해가는 자기 모습을 마주할 수 있을 것입니다.

삶은 문제해결능력이 필요하다

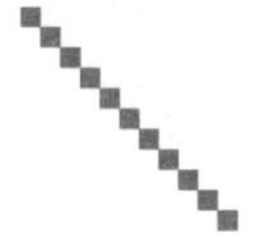

정말 틀린 것은
자신의 삶을
방치하는 것입니다.

끊임없이 시도한다, 내 삶이 계속되는 한!

우리는 스스로 할 수 있는 범주에서 끊임없이 무언가를 시도해야 합니다. 또한 시도할 때는 계속해서 생각해야 합니다. 생각하지 않으면 발전하지 않으니까요. 시도를 한다는 것은 멈춰있지 않고 한 발 앞으로 향해 가는 것입니다.

그렇게 오늘의 나보다 다시 돌아오는 오늘의 내가 점차 나아지면 되는 것입니다. 매스컴을 보면 항상 사회적으로 성공한 사람들이 나옵니다. 우리는 늘 성공한 사람들만 보기에 '나도 저렇게 되어야지'라는 생각을 합니다. 그렇게 최종목표를 설정하는 것은 좋습니다. 다만, 아무것도 해 본 적이 없는데 한 번에 그렇게 되는 경우는 드뭅니다. 최종 목표를 세웠으면 단계별로 시도해야 합니다.

그 시도의 범위는 항상 내가 넘어져도 다시 일어설 수 있는 범위입니다. 자신은 돈이 없는데 부모님에게 손을 벌리고, 은행에 돈을 빌려서 일부터 벌이는 사람들을 많이 봤습니다. 제일 한심한 부류는 자기 능력이 없으면서 부모님의 재산과 능력이 자신의 것인 양 행세하는 사람입니다.

경험이 없다면 경험부터 쌓아야 합니다. 경험과 자기자본을 모아가면서 어떻게 해결해 나갈지 구체적인 구조를 설계하는 것입니다. 가끔 유튜브를 볼 때 "부모님에게 효도하고 싶어 성공하려고 한다"라고 말하는 분들이 보입니다만, 사실 공감이 되지 않습니다. 자본금을 부모님에게 빌려서 성공해 효도하겠다니, 효도할 생각 말고 부모님이 모아놓은 돈이나 축내지 않았으면 좋겠다는 생각이 듭니다. '효도하려면 자기가 모은 돈으로 하는 게 맞지 않나?'라고 생각합니다. 부모님에게 의탁하지 않고 내 삶을 스스로 잘 해결해 나가는 것만으로도 큰 효도라고 생각합니다.

외치기만 하는 "할 수 있다"는 필요 없다

한 프랜차이즈 업체가 가게를 찾아온 적이 있습니다. 그들은 저에게 PPT 자료를 보여주면서 자신들은 매장을 많이 확장할 수 있다고 설명했습니다. 쉬지 않고 강하게 의지를 표명했지만, 실제로 가져온 자료를 검토해 보니 뾰족한 수익 구조가 보이지 않았습니다. 여타 다른 프랜차이즈와 대동소이한 자료를 가지고 와서 확장을 이야기하는 것입니다. 그래서 제가 질문했습니다.

"선생님, 최악의 경우 잘 안 되었을 때는 어떻게 되는 겁니까?"

"그런 생각은 하시면 안 됩니다. 잘될 것만 생각해야죠. 그런 생각은 부정적이에요."

그때 제가 내린 판단은 이 업체와는 같이 하면 안 되겠다는 것이었습니다. 비즈니스로 테이블에 앉았을 때는 양쪽이 가져가는 이해관계가 명확해야 하고, 최악의 상황에는 어떻게 해결할 것인지 구체적인 방법이 있어야 하며, 평균적으로는 어떻게 산출되고, 최상의 경우에는 어떻게 된다는 구조적인 설계를 설명할 수 있어야 합니다.

그런데 본인들의 욕심만 있지 저에 대한 배려도 없고, 음식을 사 먹을 소비자에 대한 배려도 없었습니다. 최악의 조건을 생각하고 대비하는 것은 부정적인 생각이 아닙니다. 이 업체는 '부정적'이라는 뜻을 잘못 알고 있는 듯했습니다. 구조적이고 구체적인 설계가 빠진 "할 수 있다!"는 외침은 허세에 불과합니다.

시간 관리의 중요성

살다 보면 항상 예기치 않은 문제들이 발생합니다. 세상이 내가 생각하는 대로만 굴러가면 좋을 텐데, 세상은 전혀 내가 생각한대로 흘러가지 않습니다. 그럼에도 자신의 삶을 잘 만들어가면 어느 정도는 자신이 원하는 삶을 살 수 있습니다. 아직 저도 살아가고 있는 중이지만, 제가 20~30대를 살아갈 때는 좀처럼 마음대로 안 된다고 생각했습니다. 그런데 돌아보니 제가 원하던 방향대로 삶이 만들어져 가고 있는 중입니다. 이 말은 확언할 수 있습니다.

다만, 항상 저절로 얻어지는 것은 없습니다. 끊임없이 생각하고 노력해야 합니다. 그렇더라도 100% 되지는 않습니다. 살아가는 동안 항상 문제가 발생하기에 우리는 습관적으로 여유를 만드는 훈련을 해야 합니다. 혹시라도 나중에 여유가 되면 한다는 말은 앞으로도 하지 않겠다는 뜻입니다. 지금 당장 하라는 말은 아닙니다. 계속해서 훈련하는 것입니다. 뒤로 미루는 습관이 아니라 지금 시간을 어떻게 만들어서 해나갈 것인가를 생각해서 전환하는 것입니다. '나중'은 오지 않고, '여유'는 의식적으로 노력하지 않으면 만들어지지 않습니다.

단편적이지만 회사에서 일을 못하는 사람은 바쁘다는 말을 입에 달고 살지만, 막상 시간을 제대로 활용하지 못하고 분주합니다. 반면, 일을 잘하는 사람은 "해보겠다"라는 말을 입에 달고 살고, 문제점에 대한 분석과 방안을 이야기합니다.

그 차이는 시간 관리를 얼마만큼 잘 하느냐에서 오는 것입니다. 일을 시작할 때는 버벅거리거나 우선순위를 잘 몰라서 느릴 수밖에 없습니다. 하지만 연차가 쌓여도 똑같다면 한번은 점검해 봐야 합니다. 일을 하는 것과 세상을 살아가는 것은 방법적인 측면에서 비슷합니다. 자기 시간을 잘 관리하고, 항상 여유분을 만드는 훈련을 해야 합니다. 그래야 **생각하는 대로 살**

아가게 되며, 살아가는 대로 생각하지 않게 됩니다.

삶은 항상 문제를 해결하면서 앞으로 나아가는 것

살아가다 보면 항상 문제가 발생합니다. 그럴 때 어떻게 할지 고민하며 걱정만 하는 것은 살아가는 데 아무런 도움이 되지 않습니다. 열심히 노력해도 노력만큼 되지 않을 때가 있고, 답답하고 막힐 때도 많습니다. 그러나 문제는 이미 발생했고, 우리는 어떻게 해결해 나갈 것인지 구체적인 방안을 강구해야 합니다. 앞에서 저의 이야기를 말씀드린 것도 예기치 못한 곡절마다 제가 어떻게 해결해 나갔는지를 보셨으면 하는 바람이었습니다.

코로나19라는 예기치 못한 상황에 마주했을 때 질병은 내가 어떻게 할 수 없으니, 내가 여기서 뭘 해야 버틸 수 있을까?를 생각했습니다. 그래서 사진을 남겨 기록했고, 책을 읽으며 메뉴 개발을 했습니다. 뾰족한 방법이 생각나지 않을 때는 내가 할 수 있는 범위에서 몸을 움직이면서 끊임없이 고민하는 것입니다. 저 같은 경우에는 손님이 남기고 간 빈 그릇을 찍었습니다. 그런데 그 그릇을 보고 손님이 찾아오면서 뜻밖의 방향으로 흘러갔습니다.

슬슬 자리를 잡아가는 시점에서 갑자기 적응할 시간도 없이 손님이 폭발적으로 밀려 들어오기 시작했습니다. 이때 무조건 확장이 아니라 나는 어떻게 가고 싶은지를 고민했습니다. 준비 없이 확장으로 가는 것은 달리는 호랑이 등에 올라타는 격입니다. 호랑이를 멈출 줄 모르는데, 달린다고 마냥 좋아할 수는 없죠. 호랑이가 절벽으로 뛰어내리면 내 의지와 상관없이 죽는 것이니까요.

앞으로 우리가 살아가는 세상은 점점 더 힘들고 어려울 것입니다. 그럴 수밖에 없는 이유는 사회가 고도화되어 있고, 기업이 급여를 높여줄 수 있는 한계점은 명확하기 때문입니다. 사회적으로 성장할 수 있는 동력도 적고, 경제 인구 구조도 급격히 줄어드는 상황이 도래할 것입니다. 누구를 탓할 필요도 없고, 상황이 좋아질 것을 기대할 필요도 없습니다. 이런 상황에서 어떻게 해결해 나갈 것이냐가 중요합니다.

혹여 누군가 나를 도와주지 않을지 기대하지 마세요. 스스로 길을 계속해서 찾아야 합니다. 해보고 안 되면 다르게 시도해 보면서 말이죠. 틀린 것은 없고, 다를 뿐입니다. **정말 틀린 것은 자신의 삶을 가만히 방치하는 것입니다.**

'성공'에서 '성장'으로 삶을 바라보자

지금 할 수 있는 것과 앞으로 나를 위해서 준비할 것을 조금이라도 어릴 때 차곡차곡 준비해야 합니다.

성공의 기준은 모두가 다르다

혹여 눈앞에 보이는 성공이 없다 하더라도 결코 주눅 들지 않으셨으면 합니다. 성공은 기준을 어디 두느냐에 따라 다릅니다. 부모님을 포함한 다른 사람에게 경제적으로 의존하지 않고, 잘나지 않았어도 내 삶을 살아가고, 내가 원하는 방향대로 잘 만들어가고 있다면 존중받을 만하고 괜찮은 삶입니다. 상위 1%를 목표로 해서 되면 좋지만, 그게 아니고 5%, 10%, 20%, 50%, 80%의 삶도 꼭 필요한 삶이니까요.

제가 결혼하고 착실하게 회사 생활을 했을 때, 최대한 아껴서 비축했지만 눈에 띄게 돈이 모인다는 생각은 들지 않았습니다. 그럼에도 꾸준히 노력했습니다. 좋은 환경 또는 갖춰진 환경에서 시작하는 사람과 저는 시작부터 차이가 많이 났습니다. 흔히 기울어진 운동장이라고 하죠. 그런데 뭐 어쩌나요? 슬프지만 그게 현실인데요. 어릴 적에는 많이 속상해하기도 했습니다. 저라고 그런 시간이 없었을까요? 저도 하고 싶은 게 많고, 해보고 싶은 것도 많은 사람이었습니다.

그런데 의존할 수 있는 사람이 있는 것도 아니고, 당시의 형편을 잘 알기에 즐기기보다는 준비하는 시간을 가졌습니다. 그리고 저보다 좋은 조건인 사람들보다 3배, 4배, 5배 노력했습니다. 느리니까 더 꾸준히 노력해야 했습니다.

다른 사람이 즐긴다고, 좋은 조건인 사람들이 한다고 내가 똑같이 한다면 나는 평생 지금의 상황에서 벗어나지 못할 것이라고 생각했습니다. '있는 사람들은 써도 괜찮다. 그런데 나는 그러면 안 된다. 내가 그 사람들과 상황이 같지 않으니까.' 차곡차곡 만들어 가는 것이 힘들고 시간이 오래 걸리기에 지치는 방법입니다. 그런데 가진 게 없고, 의존할 곳이 없는 사람이라면 이 방법만큼 현실적인 것도 없습니다. 한 번도 인내해 본 적 없고, 직접 돈을 벌어보지도 않은 상황에서 즐기고 누리고 지출만 한 사람이라면 위기에 봉착했을 때 올바른 방법을 생각하지 못합니다. 즐기고 누리고 지출하기 전에 인내하고, 경험해 보고, 생각해 보는 것이 먼저입니다.

지금 우리가 사는 세상은 참을 필요도 없고, 기다릴 필요도 없고, 몸을 쓸 필요도 없습니다. OTT의 등장으로 내가 원하는 시간에 맞춰서 보고 싶은 프로그램을 볼 수 있고, 새벽에 알아서 배송해 주는 업체도 있고, 밀키트 제품도 잘 나와서 많은 시간을 할애하지 않고 꽤 괜찮은 음식을 먹을 수 있습니다. 해외 여행이나 국내 여행도 쉽게 다닐 수 있고, 관광 상품이나 분위기 좋은 호텔도 많아 다채로운 경험을 할 수 있습니다. 단, 이것은 소비자의 시각일 뿐 생산자나 공급자의 시각은 아닙니다.

우리는 소비자의 시각뿐만 아니라 생산자와 공급자의 시각도 갖춰야 합니다. 우리 중 누군가는 자기 사업을 할 수도 있지만, 그게 아니더라도 자신의 삶을 생산자 또는 공급자의 입장에서 바라볼 필요가 있습니다. 대부분은 세상을 바라볼 때 생산자나 공급자의 시각으로 접해본 적이 없습니다. 전부 소비자의 시각으로 세상을 바라보고 즐기려고만 하죠.

예를 들어 소비자로서 마트에서 제품을 봤을 때는 내가 즐길 수 있는 다양한 먹거리지만, 생산자로 마트에서 제품을 봤을 때는 내가 상대해서 생존해야 하는 경합 대상입니다. 음식점에서 식사하는 것을 보고 "나도 하면 잘할 것 같은데?"가 소비자로서 관점이라면, 직접 음식점을 준비할 때는 "어디서부터 해야 하지? 누구를 대상으로 해야 하지?" 하며 엄두가 나지 않습니다. 생산자와 공급자의 관점인 적이 없었으니까 당연합니다.

저희 레스토랑에 오는 손님 중에도 간혹 훈수를 두시는 분들이 있습니다. 한 번은 이렇게 여쭤봤습니다. "가게를 운영해 보셨나봐요?" 그랬더니 멈칫하면서 "하지는 않았지만 많이 먹으러 다녔으니까 어느 정도 전문가죠!"라고 하십니다. 참 가당치도 않은 소리입니다. 오히려 음식 장사 또는 타 분야에서 사업을 하시는 손님들은 태도가 다릅니다. 유지하고 성장시키는 것이 얼마나 어려운지 본인들도 알기 때문에 티를 내지 않으려 하고, 조언할 때조차 배려하면서 조심스럽게 이야기합니다. "대표님, 지금처럼만 걸어가세요. 쉽지 않겠지만 잘 가고 계십니다." 이 말은 훈수가 아닌 먼저 걷고 있는 선배가 후배에게 이야기해주는 따뜻한 조언이었습니다.

성장이 중요한 이유

인간은 태어났을 때 몸을 가누지 못합니다. 어느 정도 시간이 지나야 몸을 뒤집습니다. 그리고 기어다니고, 일어서고, 걷고, 뜁니다. 마찬가지로 성인이 되어서도 내 삶을 만들어 가는 데는 시간이 걸립니다. 50대 이후는 20~40대까지 30년간 만들어 온 것으로 내 삶을 꾸려가는 시기입니다. 절대적으로 젊은 시기와 비교해서 배우는 속도도 늦고, 체력도 부족해질 수밖에 없습니다.

태어나서 성인이 되는 성장의 시기가 20년 걸린다면, 성인이 되어서 우리의 삶을 스스로 살아가야 하는 시간도 20~30년 걸립니다. 그래야 내가 체력이 약해지고, 상대적으로 속도가 느려지고, 세상에서 쓰임을 다했을 때도 살아낼 수 있는 상황을 준비하는 것입니다. 저는 상대적으로 젊은 나이지만, 절대적으로 젊은 나이도 아닙니다. 젊음이나 시간이 항상 내 곁에 머물러 주는 것이 아니기에 지금 할 수 있는 것과 앞으로 나를 위해서 준비할 것을 조금이라도 어릴 때 차곡차곡 준비하는 것이 좋습니다.

내 삶에 '성장'이 있다면 그 결과물로 '성공'이 따라옵니다. 물론 매번 그렇지는 않습니다. 그리고 부산물로 '돈'도 따라옵니다. 돈이 목적이 되어서는 안 되지만, 삶을 영위하는 데 반드시 필요하기에 목적과 수단을 잘 구분해서 벌어들여야 합니다. 제가 돈을 목적으로 레스토랑을 운영했다면 확장을 생각했겠지만, 성장을 목적으로 두니 다른 길이 보였습니다. 일단 감당할 범위에서 운영하고, 글을 꾸준히 썼습니다. 그렇게 글을 꾸준히 쓰니까 책이 출간되었습니다. 책 출간 이후 꼬리를 물고 강연에 섭외되었습니다. 그렇게 강연에서도 노력하니 여러 갈래로 다른 길이 열리는 중입니다.

책과 강연이 돈을 많이 벌기 위한 목적에 불과하다면 좋은 글과 강연은 나오기 쉽지 않습니다. 사람들은 말하지 않아도 피부로 느끼기 때문입니다. 저는 글을 쓰고 강연하는 것을 좋아하지만 한편으로는 힘들어합니다. 독자에게 좋은 메시지를 던져줘야 하고, 강단에서는 청자들의 생(生)에 조금은 간섭하는 것이기 때문입니다. 그래서 한마디가 신중하고, 글을 쓸 때 항상 부족하지만 최대한 맞는 표현을 찾으려고 노력하며 내용은 진중할 수밖에 없습니다.

여기까지 많은 말씀을 드렸습니다. 비록 처음부터 같은 길을 걸어가기는 쉽지 않겠지만 **세상에 관례대로 정해진 길, 또는 양갈래 길만 있는 것이 아니라 이런 길도 있다는 것을 말씀드리고 싶었습니다.** 힘들더라도 스스로 성장할 수 있는 길을 만들어 가셨으면 하는 바람입니다. 모두의 성공을 기원합니다.

나가는 말

스스로 살아가기 위한 사람들에게 마중물이 되길 바라며…

7개월, 1.9kg으로 태어났습니다. 태어나서도 탈장 수술이나 잠자다 경기를 일으키는 등 죽을 고비를 많이 넘겼습니다. 그 고비를 넘기고 유년 시절에 들어섰을 때는 살아 있지만 죽고 싶다는 절망감에 빠져 살았습니다. 그래도 성인이 되어서 살아보려고 안간힘을 썼습니다. 그렇게 안간힘을 썼을 때조차도 삶이 버거워서 세상을 탓하고, 원망스러웠습니다.

그랬습니다. 살기 위해 발버둥 치는데, 자꾸 살지 못하게 주저앉히는 세상이 참으로 야속하고, 한(恨)스러웠습니다. 그러다 보니 시야는 좁아지고, 부정적인 기운을 풍기고 항상 날이 서 있었습니다. 혼자만 힘들다는 생각에 사로잡혀 주변을 보지 못했습니다.

그런데 어느 순간, 더 늦기 전에 주변을 한 번 돌아보게 되었습니다. 살면서 힘들고 포기하고 싶은 순간도 있고, 어떻게 살아가야 할지 몰라 막막한 순간도 많았습니다. 그래도 어떻게든 살아가면서 삶을 놓지 않으려고 했습니다. 그제야 알았습니다. 세상은 계속해서 나를 응원해주고 있었다는 것을….

어머니의 모습으로, 친구 아버지의 모습으로, 아내의 모습으로, 학교 선배의 모습으로, 교수님의 모습으로, 벗들의 모습 그리고 손님들의 모습으로 말입니다. 내 생각에만 사로잡혀 그 순간에 그 모습들을 놓쳤다면 지금까지 걸어오기 힘들었을 것입니다.

제가 지금까지 걸어온 길이 단 하나의 정답은 아닙니다. 다만, 이렇게 글을 쓰는 저 또한 어떤 사람이 되어야 하는지 생각을 많이 하던 사람입니다. 제가 성인으로 세상에 나섰을 때, "누가 앞에서 잡아주는 사람이 있었으면…." "내가 가보지 않은 길에 대해 조금은 의논할 사람이 있었다면"이라는 생각을 많이 했습니다. 이 책을 쓰게 된 가장 큰 이유이기도 합니다.

이 글은 자신의 삶을 포기하지 않고 어떻게든 살아가려고 하지만 아직 자신의 길을 찾지 못해서 헤매는 사람, 지쳐서 포기하고 싶고 세상이 원망스러울 때 한 번쯤 자신을 다독일 수 있길 바라는 마음에 어떻게 시작해야 할지 몰라 당황스럽고 불안하고 두려운 사람에게 조금은 시작해 볼 용기를 주는 '마중물'이 되길 바라며 썼습니다.

저는 대단한 사람이 되기보다는 평범하더라도 주변을 잘 돌보고, 내 삶을 잘 살아가는 사람으로 남으려 합니다. 여러분은 가능성이 있기에 다른 그림들을 그릴 수 있습니다. 성공을 향해서 질주하는 것도 좋지만, 그렇더라도 자신을 꼭 잃지 않으시길 바랍니다.

끝까지 따라오느라 고생하셨습니다. 조금은 저보다 덜 힘든 삶을 살아가길 바라며 이만 글을 마칩니다.

박 정 우